L'ENSEIGNEMENT
PAR PROJECTIONS LUMINEUSES

NOTIONS

DE SCIENCES PHYSIQUES, NATURELLES, D'AGRICULTURE ET D'HYGIÈNE

A L'USAGE DES ÉCOLES PRIMAIRES

*Ouvrage rédigé conformément au Programme officiel du 27 juillet 1882
et aux diverses circulaires y annexées*

Médaille d'argent à l'Exposition scolaire d'Avignon 1891

PAR

F. BONHOURE (I. P. ⚜)
INSPECTEUR DE L'ENSEIGNEMENT PRIMAIRE

J. MAGE
DIRECTEUR D'ÉCOLE PRIMAIRE PUBLIQUE

Troisième Édition, revue, corrigée et augmentée
Illustrée par M. BALAMAN

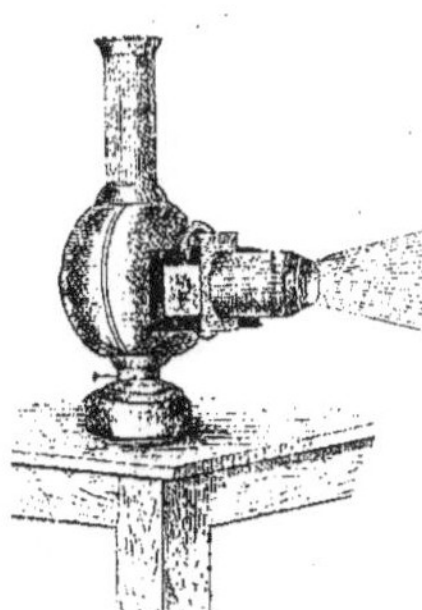

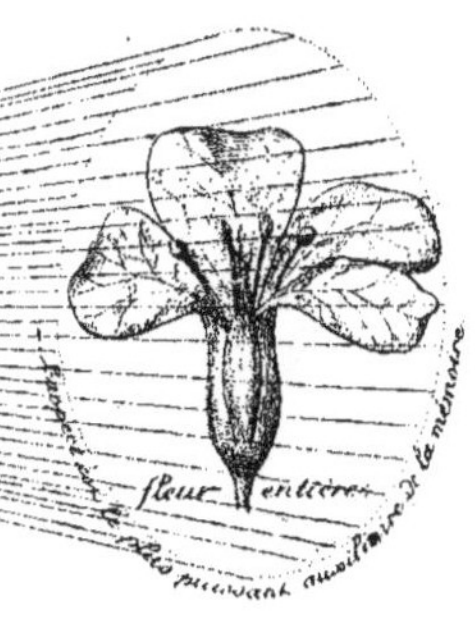

1er SEMESTRE
COURS MOYEN ET SUPÉRIEUR

1895-96

MONTPELLIER. — IMPRIMERIE GUSTAVE FIRMIN ET MONTANE, DESCENTE SAINT-PIERRE.

L'ENSEIGNEMENT

PAR

PROJECTIONS LUMINEUSES

NOTIONS

DE SCIENCES PHYSIQUES, NATURELLES, D'AGRICULTURE ET D'HYGIÈNE

A L'USAGE DES ÉCOLES PRIMAIRES

Ouvrage rédigé conformément au Programme officiel du 27 juillet 1882 et aux diverses circulaires y annexées

Médaille d'argent à l'Exposition scolaire d'Avignon 1891

PAR

F. BONHOURE (I. P. ☆)
INSPECTEUR DE L'ENSEIGNEMENT PRIMAIRE

J. MAGE
DIRECTEUR D'ÉCOLE PRIMAIRE PUBLIQUE

Troisième Édition, revue, corrigée et augmentée
Illustrée par M. BALAMAN

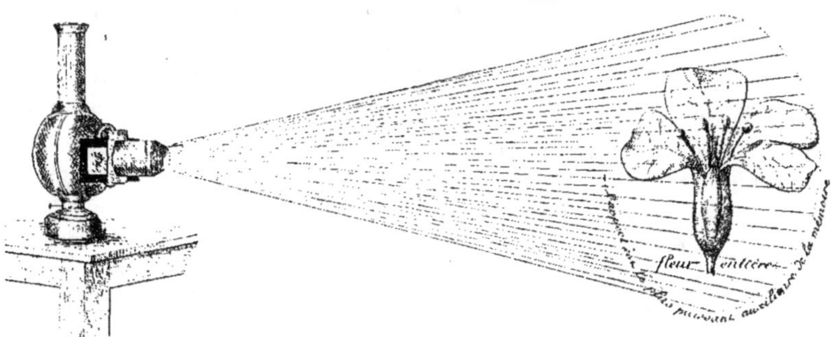

1er SEMESTRE
COURS MOYEN ET SUPÉRIEUR

1895-96

Propriété des Auteurs

PRÉFACE

Pour répondre aux désirs exprimés par MM. les Instituteurs, nous avons sensiblement amélioré et complété la nouvelle édition, tant au point de vue matériel qu'au point de vue scientifique.

Au point de vue matériel, nous avons réduit le format, ce qui permettra aux élèves de placer commodément le livre dans leur cartable; nous avons aussi augmenté et refait les tableaux, où on retrouvera la main habile d'un artiste.

Quant à la partie scientifique, nous y avons ajouté :

1° Des notions assez étendues d'Agriculture, ce qui pourra dispenser d'un ouvrage spécial :

2° Les matières à enseigner au cours supérieur. Cette partie est imprimée en petits caractères, afin que les élèves ne puissent pas confondre.

Pour faciliter la tâche des Maîtres, nous avons fait une répartition mensuelle, basée sur le programme officiel tel qu'on l'a compris et développé dans le département de Seine-et-Oise.

Enfin, nous avons cru utile d'indiquer quelques devoirs que les élèves pourront faire, en vue surtout de l'examen du certificat d'études.

Les Maîtres qui possèdent l'appareil à projections et les tableaux coloriés sur verre, n'auront que quatre leçons à donner par mois : la première, sur les Sciences physiques ; la seconde, sur l'Histoire naturelle ; la troisième, sur l'Agriculture ; et la quatrième, sur l'Hygiène.

Une leçon de révision pourra également avoir lieu à la fin de chaque mois.

Quant aux Instituteurs qui n'auraient pas l'appareil, nous leur conseillons de donner huit leçons par mois au lieu de quatre.

Pour porter tous leurs fruits, les leçons seront faites de la manière suivante : 1° on montrera par projections chaque tableau et on ajoutera toutes les explications et tous les développements nécessaires ; 2° on interrogera les élèves ; 3° on leur donnera à étudier et à apprendre les résumés.

L'accueil si bienveillant qui a été fait aux éditions précédentes nous permet d'espérer la même faveur pour celle-ci, surtout au lendemain de la magistrale circulaire ministérielle du 10 juillet dernier et le remarquable et si lumineux rapport de M. Édouard Petit à M. le Ministre (23 juillet 1895), ainsi que les conclusions votées, le 1er septembre 1895, au Congrès du Havre, au sujet de l'enseignement par l'aspect à donner aux adultes. Car l'enseignement scientifique, qu'il s'adresse aux jeunes élèves ou aux adultes, doit être avant tout, suivant un principe pédagogique bien connu, « un enseignement » par l'aspect, parce que l'aspect est un puissant » auxiliaire de la mémoire. Il sera, en outre, » expérimental et pratique, pour habituer les » élèves à observer, réfléchir, comprendre et » retenir. »

F. B.　　　　　　　**J. M.**

PROGRAMME DU MOIS D'OCTOBRE

SCIENCES PHYSIQUES		HISTOIRE NATURELLE		AGRICULTURE		HYGIÈNE	
Cours Moyen	Cours Supérieur	Cours Moyen	Cours supérieur	Cours Moyen	Cours Supérieur	Cours Moyen	Cours Supérieur
Les trois états des corps. - L'air atmosphérique, sa composition, ses propriétés. — Oxygène et Azote. - Corps simples, corps composés. - Métalloïdes. -- Métaux. — Acides. -- Oxydes. -- Sels.	Les matières du cours moyen, plus : Préparation et propriétés de l'oxygène et de l'azote.	Les trois règnes de la nature. - L'homme : squelette, muscles et peau. — Système nerveux et organes des sens.	Comme le cours moyen.	Aération du sol : labours, hersages et binages. — Aération des étables, écuries et bergeries.	Les matières du cours moyen, plus : Action de l'air sur les végétaux.	Air pur et air vicié. — Aération et propreté des appartements. - Propreté des vêtements et du corps.	Les matières du cours moyen, plus : Causes de l'insalubrité de l'air. — Utilité de l'exercice : marche, course, gymnastique. - Accidents : écorchures, foulures, luxations, fractures : soins à donner.

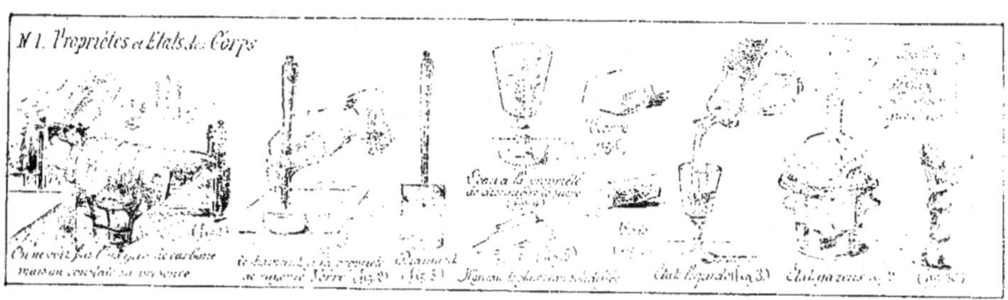

SCIENCES PHYSIQUES

Objet de la Physique

La physique a pour objet l'étude des propriétés des corps et des actions qu'ils exercent les uns sur les autres, sans changer de nature.

Pour comprendre cette définition, il faut savoir ce qu'est un corps et ce qu'on entend par propriétés des corps.

On appelle corps toute quantité de matière qui se trouve dans l'espace et qui peut produire une impression sur nos sens. Ex. : les livres, les pierres, l'eau, l'air, etc., que nous pouvons voir ou toucher.

Il y a cependant des corps que nous ne pouvons ni voir, ni toucher, ni sentir : tel est le mauvais gaz (oxyde de carbone), qui se dégage d'un réchaud de charbon allumé dans une chambre bien close. On ne voit pas ce gaz, mais on constate sa présence. En effet, une personne qui commettrait l'imprudence de coucher dans cette chambre serait trouvée morte le lendemain matin *fig. 1*.

Propriétés des corps. — Avant de couper un verre pour en faire des carreaux, le vitrier commence par le rayer au moyen d'un petit morceau de diamant pointu *fig. 2 et 3*. Il obtient ce résultat, parce que le diamant est plus dur que le verre.

Quand on met un morceau de sucre dans un verre d'eau (*fig.* 4), ce sucre ne tarde pas à disparaître : il s'est dissous. Nous pouvons donc dire que le diamant a la propriété de rayer le verre, que l'eau a la propriété de dissoudre le sucre.

Les trois états des corps. — Les corps se présentent à nous sous trois états différents : 1° à l'état solide, comme la glace (*fig.* 5), la pierre (*fig.* 6), le bois (*fig.* 7) ; 2° à l'état liquide, comme l'eau (*fig.* 8), l'encre ; 3° à l'état gazeux, comme l'air, la vapeur d'eau (*fig.* 9), le gaz dont on remplit les ballons d'enfant (*fig.* 10).

L'eau peut prendre ces trois différents états ; elle est liquide, mais elle peut être convertie en vapeur par la chaleur, ou devenir de la glace par le froid.

Il en serait de même de tous les corps, si l'on pouvait produire assez de chaleur pour les faire évaporer, ou assez de froid pour les congeler.

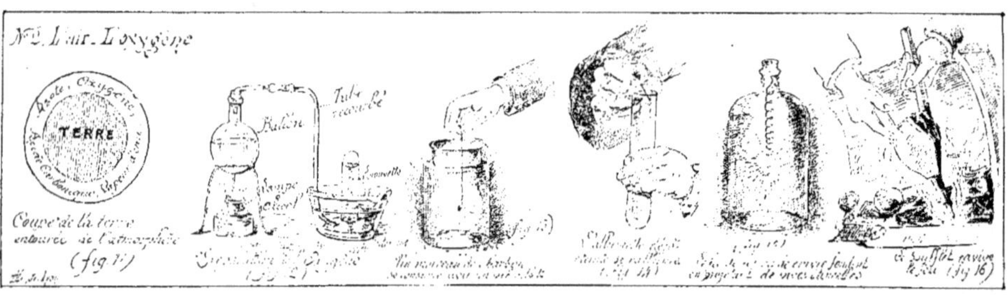

L'Air atmosphérique

L'air atmosphérique est cette couche de gaz qui entoure la terre et que nous respirons.

Si, pendant sept à huit minutes, nous empêchions l'air de pénétrer dans nos poumons, nous mourrions étouffés, asphyxiés.

L'air atmosphérique se trouve sur tous les lieux du globe, à quelque hauteur que l'on soit placé. D'après M. Biot, il forme autour de notre planète une couche qui ne saurait dépasser quarante kilomètres d'épaisseur (*fig.* 11).

Composition de l'air

On a longtemps ignoré quelle était la composition de l'air. Un grand chimiste français, Lavoisier, démontra, en 1772, que l'air est un mélange de deux gaz : l'azote et l'oxygène. Il est formé d'environ quatre parties d'azote et d'une partie d'oxygène ; il renferme en outre un demi-millième environ d'acide carbonique et de la vapeur d'eau.

Deux savants anglais ont découvert tout récemment, dans l'air atmosphérique, un nouveau gaz, auquel ils ont donné le nom d'*Argon*, mot qui signifie inactif. M. Berthelot a rendu compte de cette découverte à l'Académie des sciences de Paris.

Propriétés de l'air

L'air est un gaz sans odeur et sans couleur. Vu en masse, il paraît bleu et constitue la belle voûte céleste.

Il est indispensable à la vie de l'homme, des animaux et des plantes ; il entretient la combustion et la respiration, qui n'est autre chose qu'une combustion.

Un litre d'air pèse 1 gr. 3 décigr. Il est pris pour unité de densité de tous les gaz.

L'air est le propagateur du son, enfle les voiles des navires, fait marcher les moulins à vent, sert pour les postes dans les tuyaux à air comprimé, etc.

Oxygène

L'oxygène existe à l'état libre dans l'air. Il est sans couleur, sans odeur, sans saveur. C'est un gaz un peu plus lourd que l'air, dont il forme la partie respirable. Sa densité est 1,1.

Préparation de l'oxygène

On peut préparer l'oxygène de trois manières : 1° par le bioxyde de manganèse ; 2° par le bioxyde de manganèse avec l'acide sulfurique ; 3° par le chlorate de potasse.

Comme cette dernière préparation donne les meilleurs résultats, nous allons indiquer la manière de procéder. Dans un ballon de verre, on introduit par quantités égales, du chlorate de potasse et du bioxyde de manganèse (20 gr. suffisent pour une expérience) ; on agite le ballon pour opérer le mélange. Cela fait, on adapte au col de ce ballon un bouchon traversé par un tube en verre coudé, et l'on chauffe au moyen d'une lampe à alcool ou d'un fourneau. Il faut avoir bien soin, pour ne pas casser le ballon, de ne chauffer que tout doucement, en faisant tourner la lampe autour du ballon et la rapprochant de plus en plus, jusqu'à ce qu'enfin, le ballon étant chaud, on laisse la lampe dessous.

Le premier gaz qui se dégage est en grande partie formé de l'air du ballon que la chaleur a dilaté ; puis arrive l'oxygène à peu près pur, que l'on recueille dans des éprouvettes ou des bocaux (*fig.* 12).

Avant d'être renversés au-dessus de l'orifice du tube recourbé, pour recueillir l'oxygène, les éprouvettes ou les bocaux doivent être préalablement remplis d'eau, dans la terrine qui en est à moitié pleine ; puis, quand l'éprouvette est remplie d'oxygène, on doit faire glisser par-dessous un petit disque de verre ou de carton avant de la sortir de l'eau ; sans cette précaution, le gaz se perdrait.

N.-B. — Quand on a recueilli assez de gaz pour les expériences que l'on désire faire, il ne faut pas négliger, pour éviter l'absorption, de détacher le tube recourbé du ballon pendant que celui-ci est encore sur le feu : on intercepte ainsi toute communication avec l'eau de la terrine.

Propriétés de l'oxygène

L'oxygène possède à un degré très élevé la faculté d'entretenir la combustion, c'est-à-dire de se combiner avec les éléments du corps combustible.

Lorsqu'on plonge une bougie allumée dans un bocal plein d'oxygène, la bougie brûle avec plus de vivacité. Un morceau de charbon incandescent se consume avec un vif éclat (*fig.* 13) ; une allumette que l'on vient d'éteindre, mais qui présente encore quelques points rouges, se rallume dans l'oxygène (*fig.* 14) ; un petit fil de fer ou de cuivre, roulé en spirale et portant à l'extrémité un morceau d'amadou allumé, brûle également en projetant de nombreuses étincelles (*fig.* 15). Voilà pourquoi on dit que l'oxygène entretient la combustion.

Quand nous nous servons du soufflet pour raviver le feu qui va s'éteindre (*fig.* 16), nous utilisons cette propriété de l'oxygène : nous envoyons, en effet, sur les charbons ou le bois, l'oxygène que contient l'air du soufflet.

C'est aussi pour activer la combustion des lampes qu'on entoure la flamme d'un tube en verre (verre de lampe), dans lequel circule un courant d'air.

L'oxygène est nécessaire à notre respiration. Nous ne pourrions pas vivre dans une chambre qui n'en contiendrait pas.

C'est l'oxygène de l'air qui oxyde les corps, c'est-à-dire qui les couvre de rouille : cela s'appelle l'oxydation. On les garantit par l'étamage ou par la peinture. Comme le produit de l'oxydation du cuivre est un poison violent (vert de gris), on fait étamer l'intérieur des casseroles en cuivre. L'on fait peindre aussi les portails, les grilles en fer, etc., pour les préserver de la rouille.

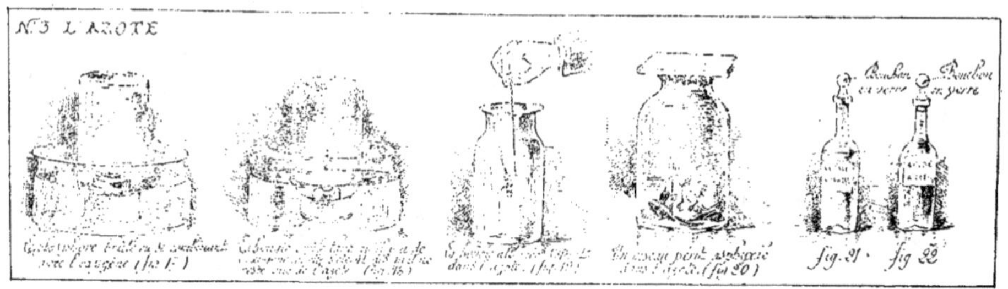

L'Azote

L'azote existe, comme l'oxygène, à l'état libre dans l'air. Il est sans couleur, sans odeur, sans saveur.

Il n'entretient ni la combustion ni la respiration.

Ce gaz est un peu plus léger que l'air : sa densité est 0,9.

Préparation de l'azote

On prépare l'azote de trois manières :

1° Par la combustion vive ou lente du phosphore ;

2° Par l'oxydation du fer ou du cuivre dans un canon de fusil.

3° Par la combustion d'une bougie.

Le premier procédé est le plus simple : dans une terrine à moitié pleine d'eau, on dépose une rondelle de bois ; sur cette rondelle, on place un petit morceau de phosphore que l'on allume, puis on recouvre le tout d'un bocal à conserves (*fig.* 17). D'abord le phosphore brûle comme il brûlerait à l'air libre, parce qu'il se combine avec l'oxygène de l'air du bocal ; mais bientôt la flamme s'amoindrit et finit par s'éteindre, alors il ne reste plus dans le bocal que le gaz azote. On s'en assure en introduisant dans ce bocal une bougie allumée : celle-ci s'éteint immédiatement (*fig.* 19).

De même un oiseau mis dans un bocal rempli d'azote ne tarde pas à périr asphyxié (*fig.* 20).

Nota. — Pour préparer l'azote, à défaut de phosphore, on peut employer un bout de bougie (*fig.* 18).

Propriétés de l'azote

L'azote entre dans la composition de la chair des animaux et dans un grand nombre de tissus végétaux, dans les graines surtout. C'est à sa présence qu'est due la putréfaction des matières animales et végétales.

On le rencontre aussi à l'état de combinaison dans l'alcali volatil ou ammoniaque (*fig.* 21), dans l'acide azotique (*fig.* 22), et dans les azotates.

Corps simples et corps composés

On appelle corps simples les corps que l'on n'est point parvenu à décomposer.

Les principaux corps simples sont l'or, l'argent, le cuivre, le fer, l'étain, le zinc, le plomb, le mercure. On en connaît soixante-dix. Le plus lourd est le platine, dont la densité est 21, et l'un des plus légers est l'aluminium, ayant pour densité 2,7.

On appelle corps composés les corps d'où on a pu tirer plusieurs substances distinctes. Ils résultent de la combinaison de plusieurs corps simples, et ils sont très nombreux. Citons, entre autres : l'eau, formée d'oxygène et d'hydrogène ; la craie, formée de chaux et d'acide carbonique ; le sel de cuisine, formé de chlore et de sodium ; l'oxyde de fer ou rouille, formé de fer et d'oxygène.

Métalloïdes et métaux

Les métaux sont des corps simples qui jouissent d'un éclat particulier appelé éclat métallique et qui sont bons conducteurs de la chaleur et de l'électricité.

Les corps simples cités plus haut sont tous des métaux. Nous pouvons ajouter le sodium, le potassium, le calcium.

Les métalloïdes sont des corps simples dépourvus de l'éclat métallique.

Il y a des métalloïdes solides, tels que le soufre, le phosphore, le charbon, et des métalloïdes gazeux, tels que l'oxygène, l'azote, l'hydrogène, le chlore. (Des notions plus étendues sur les métalloïdes et les métaux seront données dans les leçons du mois d'avril.)

Acides, Oxydes, Sels

Les corps combustibles tels que le charbon, le soufre, le phosphore, brûlent parce qu'ils se combinent avec l'oxygène de l'air. Le phénomène de cette combustion porte le nom d'oxydation.

Acides. — On appelle acide, un corps obtenu en oxydant un métalloïde. Ex. : le charbon ou carbone, en s'oxydant, c'est-à-dire en se combinant avec l'oxygène, forme de l'acide carbonique ; le soufre, en s'oxydant, forme de l'acide sulfureux, etc.

Oxydes. — On appelle oxyde, un corps obtenu en oxydant un métal. Ex. : le fer, en s'oxydant, donne l'oxyde de fer ; le sodium, en s'oxydant, forme la soude, etc.

Pour distinguer les acides des oxydes lorsqu'ils sont solubles dans l'eau, on se sert d'une petite bande de papier préalablement trempée dans la teinture bleue de tournesol.

Si l'on plonge ce papier dans un acide, il rougit ; s'il est alors plongé dans un oxyde, il est ramené au bleu.

Sels. — On appelle sel, un corps obtenu par la combinaison d'un acide avec un oxyde. L'oxyde qui entre dans la composition d'un sel porte aussi le nom de base. Ex. : l'acide sulfurique et l'oxyde de fer forment, par leur combinaison, le sulfate de fer qui est un sel : l'acide carbonique et l'oxyde de calcium ou chaux forment le carbonate de chaux, sel qui devient de la chaux par la cuisson.

Généralement, un sel, à l'état solide, est cristallisé.

Il peut arriver qu'un métal et un métalloïde autre que l'oxygène se combinent. Le composé qui en résulte s'appelle corps binaire. Ex. : le sel de cuisine est un corps binaire résultant de la combinaison d'un métal, le sodium, avec un

métalloïde, le chlore. En chimie, le sel de cuisine porte le nom de chlorure de sodium.

RÉSUMÉ

La physique a pour objet l'étude des propriétés des corps et des actions qu'ils exercent les uns sur les autres sans changer de nature.

On appelle corps, toute quantité de matière qui se trouve dans l'espace et qui peut produire une impression sur nos sens.

Les corps ont des propriétés diverses. Ils sont solides ou liquides ou gazeux.

L'air atmosphérique est cette couche de gaz qui entoure la terre et que nous respirons.

Il est formé d'environ quatre parties d'azote, d'une partie d'oxygène, d'un peu d'acide carbonique et de vapeur d'eau.

L'air est indispensable à la vie de l'homme, des animaux et des plantes.

L'oxygène existe à l'état libre dans l'air. Sa densité est 1,1.

On peut préparer l'oxygène de trois manières.

L'oxygène entretient vivement la combustion, est nécessaire à notre respiration et oxyde les corps. On garantit les corps de l'oxydation par l'étamage ou par la peinture.

L'azote existe à l'état libre dans l'air. Sa densité est 0,9.

Il n'entretient ni la combustion, ni la respiration.

On prépare l'azote de trois manières.

L'azote entre dans la composition de la chair des animaux et dans un grand nombre de tissus végétaux. On le rencontre aussi dans l'alcali volatil, dans l'acide azotique et dans les azotates.

On appelle acide, un corps obtenu en oxydant un métalloïde.

On appelle oxyde, un corps obtenu en oxydant un métal.

Un acide rougit la teinture bleue de tournesol, tandis que l'oxyde la ramène au bleu.

On appelle sel, un corps obtenu par la combinaison d'un acide avec un oxyde.

La combinaison d'un métal ou d'un métalloïde autre que l'oxygène donne naissance à un corps binaire.

DEVOIRS

1° Parler de l'air atmosphérique, de sa composition, de ses propriétés.

2° Dites ce que vous savez sur l'oxygène.

3° Qu'appelle-t-on corps simples, corps composés, métalloïdes, métaux, acides, oxydes, sels, corps binaires ? — Donner des exemples.

HISTOIRE NATURELLE

Les trois règnes de la nature.

Les êtres qui sont sur la terre, ou qui en constituent la masse, se divisent en trois règnes : le règne animal, le règne végétal, le règne minéral. (*Tableau nº 4.*)

Leurs attributs.

Un animal est un être qui nait, vit (*fig.* 23), se nourrit (*fig.* 24), grandit (*fig.* 25), sent, se meut (*fig.* 26), se reproduit (*fig.* 27), et meurt (*fig.* 28).

L'homme a de plus que l'animal la raison (*fig.* 29).

Un végétal a deux attributs de moins qu'un animal : il ne sent pas, il ne se meut pas (*fig.* 30).

Un minéral n'a pas d'attributs (*fig.* 31). Il reste toujours le même si rien ne vient le changer de place ou de forme.

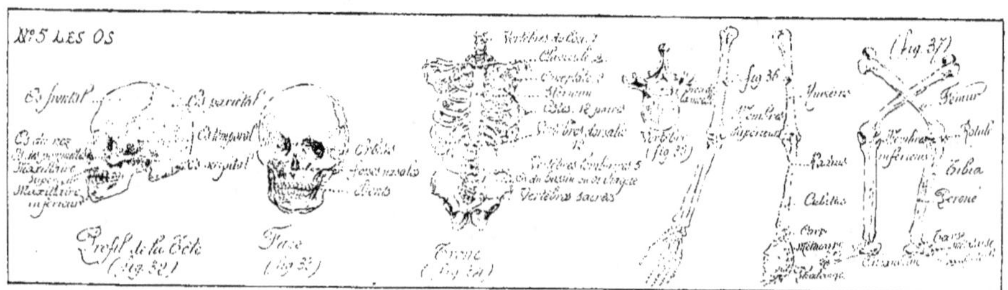

L'homme

Notre corps est formé de diverses parties appelées organes. Chaque organe remplit une fonction particulière. Les os, par exemple, qui constituent la charpente du corps appelée squelette, soutiennent ou protègent les parties molles de l'organisme ; les muscles, vulgairement appelés chair, assurent le mouvement des os : le sang, en circulant dans tout le corps, entretient la vie des divers organes.

Les os

Le squelette de l'homme est formé par des os généralement articulés les uns sur les autres, quelquefois simplement assemblés, comme pour les os du crâne. On donne le nom d'articulation à la jointure de deux os mobiles, celui de suture aux points de contact de deux os fixes.

La tête

La tête comprend le crâne et la face. Le crâne (*fig.* 32-33) est une boîte osseuse destinée à protéger le cerveau. Il est formé de plusieurs os, dont les principaux sont : l'os frontal, qui constitue le front ; les os pariétaux, placés au haut de la tête, un de chaque côté ; les os temporaux, situés un de chaque côté, à la hauteur des tempes ; l'os occipital, formant la partie postérieure et inférieure du crâne.

Tous les os du crâne ont leurs bords découpés en fines dentelures ressemblant assez aux dents d'une scie. Ces dentelures s'emboîtent les unes dans les autres, sans laisser aucun vide entre elles, formant ainsi un ensemble continu d'une fixité et d'une solidité très résistantes.

La face, qui est la partie la plus noble de l'homme, renferme et protège les principaux organes des sens : les yeux, le nez et la langue. Elle est formée par les deux os maxillaires supérieurs, ceux du nez, des pommettes et enfin par l'os maxillaire inférieur, présentant la forme d'un fer à cheval.

Le tronc

Le squelette du tronc (*fig.* 34) est essentiellement constitué par la colonne vertébrale, les côtes, le sternum, les os des hanches et ceux des épaules.

La colonne vertébrale se compose de trente-trois petits os, appelés vertèbres, placés les uns sur les autres. Chaque vertèbre est percée, de bas en haut, d'un orifice circulaire (*fig.* 35). L'ensemble de ces ouvertures forme un petit tube dans lequel est logée la moelle épinière.

Les sept vertèbres du cou s'appellent vertèbres cervicales ; les douze du dos, vertèbres dorsales ; les cinq au-dessous des côtes, vertèbres lombaires ; enfin, les neuf dernières se nomment vertèbres sacrées. Les vertèbres dorsales forment la cage thoracique avec les côtes et le sternum.

La cage thoracique loge et protège le cœur et les gros vaisseaux qui en partent, les poumons et l'œsophage.

Les côtes sont des espèces d'arcs osseux, pleins, allongés et aplatis. Nous en avons douze paires. Les sept premières, se rattachant directement des vertèbres dorsales au sternum, sont appelées vraies côtes ; les cinq dernières portent le nom de fausses côtes.

Le sternum est un os plat situé sur le devant de la poitrine.

Les hanches comprennent de chaque côté un gros os large et plat appelé os iliaque. Ces deux os forment avec les vertèbres sacrées une espèce de bassin, destiné à protéger les organes du bas-ventre. Les épaules ont pour os la clavicule en avant et l'omoplate en arrière.

Les membres

Les membres sont les parties du corps qui se rattachent au tronc.

On distingue les membres supérieurs et les membres inférieurs. Les membres supérieurs (*fig.* 36) sont constitués par les bras, les avant-bras, les poignets et les mains ; les membres inférieurs (*fig.* 37), par les cuisses, les jambes et les pieds.

Os des membres supérieurs

L'os du bras s'appelle l'humérus. L'avant-bras en a deux : le radius en dehors, et le cubitus (os du coude) en dedans. Le poignet ou le carpe est formé de huit petits os ; la paume de la main, ou le métacarpe, de cinq os ; les doigts, des trois phalanges.

Os des membres inférieurs

L'os de la cuisse s'appelle le fémur : c'est l'os le plus long de tout le corps. La jambe en a deux : le tibia en dedans et le péroné en dehors, dans le mollet. Au genou, se trouve un petit os arrondi appelé rotule. Les os du pied sont : au cou de pied, le tarse, composé de sept os ; à la plante des pieds, le métatarse, composé de cinq os ; aux orteils, les phalanges.

Les os des membres sont généralement longs et creux : dans l'intérieur, se trouve la moelle, qui a la propriété de nourrir l'os.

Ensemble du squelette

Les os que nous venons d'étudier, régulièrement disposés dans notre corps, constituent le squelette tel que le montre le sixième tableau (fig. 38).

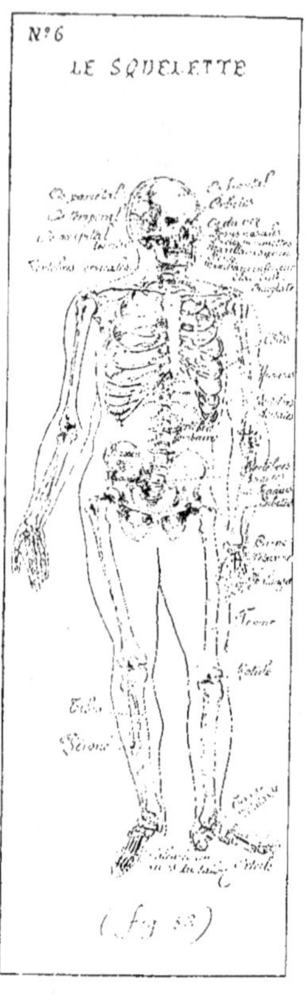

La tête repose sur la colonne vertébrale et a pour os principaux : le frontal, les deux pariétaux, les deux temporaux, l'occipital, les maxillaires, les os des pommettes et du nez. On y voit les orbites pour loger les yeux et les fosses nasales.

Le tronc repose sur les fémurs : il a pour os : trente-trois vertèbres qui forment la colonne vertébrale, sur le derrière, le sternum sur le devant ; les douze côtes de chaque côté ; les deux clavicules et les deux omoplates qui forment les épaules ; enfin, en bas, les deux os iliaques.

Les os des membres supérieurs s'adaptent à l'omoplate et à la clavicule, ils comprennent : l'humérus, le radius et le cubitus, les os du carpe, du métacarpe et les phalanges.

Les os des membres inférieurs s'emboîtent solidement dans les os iliaques. Citons le fémur, la rotule, le tibia et le péroné, les os du tarse, du métatarse et des orteils.

Le calcanéum est un os du tarse qui forme le talon.

Mouvement. — Muscles.

Le mouvement est la faculté qu'a notre corps de se déplacer. Il a pour organes les os et les muscles. Ce sont les muscles qui font mouvoir les os sur leurs articulations.

Les muscles sont des faisceaux de filaments rouges qui s'attachent généralement par chaque bout à un os, au moyen de cordons blanchâtres nommés tendons (fig. 39).

Les muscles forment la chair. Ils ont la propriété de se contracter, sous l'influence de la volonté. En se contractant, ils se gonflent, se raccourcissent, entraînant dans leur mouvement les os mobiles auxquels ils sont attachés. C'est ainsi que nous pouvons, grâce au grand nombre et à la diversité des muscles, imprimer à notre corps toutes sortes de mouvements.

Le 7ᵐᵉ tableau nous montre le muscle du bras appelé biceps contracté (fig. 40 et 41) et ensuite à l'état de repos (fig. 42). Quand il se contracte, il devient plus gros et plus court (fig. 41), et comme il est fixé à l'omoplate qui

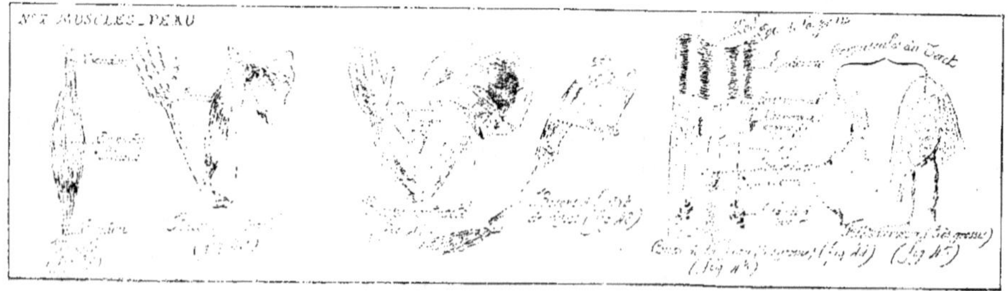

est immobile, il tire l'avant-bras, qui se meut sur l'articulation du coude, et le force à se relever.

Presque tous les mouvements sont volontaires ; certains, cependant, ne le sont pas : tels sont ceux du cœur, de l'estomac, du diaphragme. C'est même fort heureux pour nous, car, pendant notre sommeil, le diaphragme ne s'abaisserait pas pour permettre aux poumons de se remplir d'air, le cœur cesserait de battre et nous mourrions.

La peau.

La peau est un tissu mince et souple qui recouvre le corps de l'homme et de la plupart des animaux. Elle se compose de trois couches superposées : le derme, le corps muqueux et l'épiderme (*fig.* 43).

Le derme est la partie la plus épaisse de la peau. C'est dans le derme que se trouvent : 1° les glandes sudoripares, sécrétant la sueur par les pores de la peau ; 2° les bulbes, qui sécrètent les poils ; 3° enfin, les extrémités des nerfs, portant les corpuscules du tact (*fig.* 44 et 45).

Le corps muqueux est au-dessus du derme ; il forme la partie colorée de la peau.

L'épiderme est une membrane très mince et transparente servant à protéger le corps muqueux et le derme.

La peau sert aussi à protéger les chairs. C'est le derme des animaux qui fournit le cuir.

La peau de l'homme est diversement colorée, suivant la race à laquelle il appartient : cette coloration est due à de petites granulations noires, jaunes ou rouges contenues dans la peau.

Système nerveux

Le système nerveux est l'ensemble des organes qui, obéissant à notre volonté ou à nos besoins, donnent au corps la sensibilité et le mouvement.

Ce système se compose du cerveau, du cervelet, de la moelle épinière et des nerfs (*fig.* 46 et 47).

Le cerveau est le centre du système nerveux : c'est le siège des sensations, de l'intelligence et de la volonté.

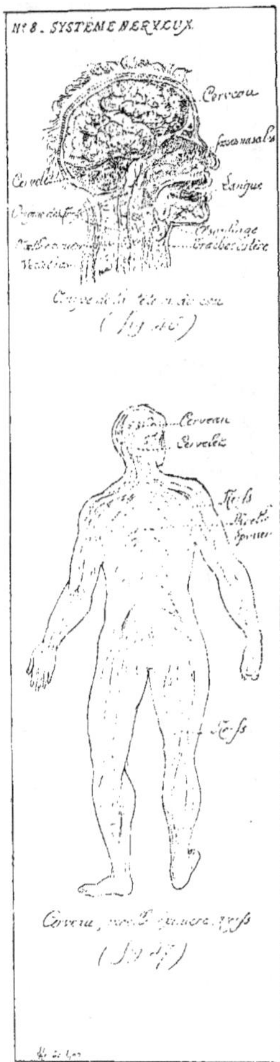

Au-dessous du cerveau est placé le cervelet, plus petit que le cerveau. Le cervelet régularise les mouvements commandés par le cerveau.

A la suite, vient la moelle épinière, logée dans le canal formé par les vertèbres. Les nerfs sont des filets blancs partant du cerveau et de la moelle épinière. Ils se divisent en branches et en ramuscules, qui se répandent dans tous les organes.

La moelle épinière et les nerfs reçoivent les ordres du cerveau et les font exécuter par les muscles ; de plus, ils transmettent au cerveau les impressions extérieures. C'est pour cela que nous ressentons une douleur lorsque nous nous faisons une blessure qui endommage quelque nerf.

Parmi les nerfs, les uns font exécuter les mouvements : on les appelle nerfs moteurs ;

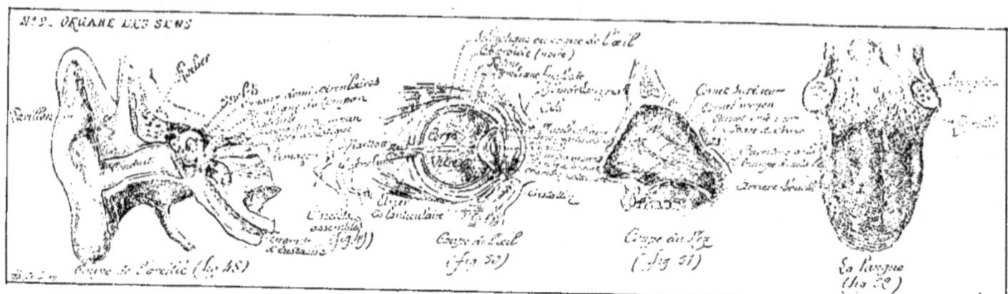

les autres transmettent seulement la sensibilité
à la moelle et au cerveau : on les appelle nerfs
sensitifs.

Enfin, les nerfs qui concourent à la respiration, à la digestion, à la circulation du sang
n'obéissent pas au cerveau ; ils sont végétatifs,
c'est-à-dire qu'ils agissent à notre insu, pour
les besoins de notre conservation. Parmi ces
nerfs, le plus important porte le nom de grand
sympathique.

Organes des sens.

Nous avons cinq sens, qui sont : l'ouïe, la
vue, l'odorat, le goût et le tact ou toucher.

L'ouïe

Le sens de l'ouïe nous permet de percevoir
les sons extérieurs. Il a pour organes nos deux
oreilles.

Chaque oreille (*fig.* 48) est en partie logée
dans l'os temporal appelé en cet endroit rocher,
à cause de sa grande dureté. Elle comprend : le
pavillon, le conduit auditif externe, la membrane du tympan, la caisse du tympan, dans
laquelle se trouvent quatre osselets : le mar-
teau, l'enclume, l'étrier, le lenticulaire (*fig.* 49),
une seconde cloison, le vestibule, les canaux
demi-circulaires, le limaçon et, enfin, le nerf
acoustique.

Comme accessoire, il faut ajouter la trompe
d'Eustache, tube s'ouvrant d'un côté dans la
caisse du tympan et de l'autre dans les fosses
nasales.

Voici comment nous percevons les sons. Les
vibrations de l'air produites par les sons arrivent au pavillon de l'oreille ; elles passent dans
le conduit auditif externe et frappent contre la
membrane du tympan, qui vibre comme la peau
d'un tambour. Ces vibrations sont transmises
par les quatre osselets à la seconde membrane
qui les reproduit ; elles continuent leur marche
dans le vestibule, puis dans les canaux demi-
circulaires, et enfin dans le limaçon, où le
nerf acoustique les perçoit pour les transmettre
au cerveau.

La vue

La vue est le sens qui nous permet d'apprécier la forme, la couleur, la position des objets
éclairés qui nous environnent.

Ce sens a pour organes l'œil et le nerf optique.

Nous avons deux yeux, de forme sphérique,
logés dans deux cavités osseuses, appelées
orbites.

La *figure* 50 présente une coupe de l'œil.
L'on voit d'abord les cils, les paupières et les
glandes lacrymales, qui servent à le protéger.
Viennent ensuite la cornée transparente, qui
forme la partie bombée de l'œil ; la chambre
antérieure, espace rempli d'un liquide transparent ; l'iris, membrane circulaire qui donne la
couleur des yeux ; l'iris a au centre un trou
appelé la pupille, qui jouit de la propriété de
s'agrandir dans l'obscurité et de se resserrer à
la vive lumière ; la chambre postérieure, second
espace rempli d'un liquide transparent ; le cristallin, espèce de lentille biconvexe transpa-

rente ; le muscle ciliaire, qui a le pouvoir, en se contractant, d'aplatir plus ou moins le cristallin pour nous permettre de voir avec une netteté parfaite tous les objets que nous regardons, quel que soit leur éloignement ; l'humeur vitrée, liquide gélatineux transparent, entouré par une membrane mince appelée hyaloïde : enfin, les trois enveloppes de l'œil, savoir : la sclérotique, membrane extérieure qui forme la partie blanche de l'œil ; la choroïde, noire à l'intérieur pour absorber les rayons lumineux inutiles ; la rétine, membrane blanche formée par l'épanouissement du nerf optique.

C'est la rétine qui reçoit l'impression des objets éclairés : les rayons lumineux partent de tous les points des objets éclairés que nous regardons, pénètrent dans l'intérieur de l'œil, et l'image de ces objets se forme sur la rétine. Le nerf optique n'a qu'à transmettre cette image au cerveau.

L'odorat.

Le sens de l'odorat nous fait percevoir et apprécier les diverses odeurs. Il a pour organe le nez (*fig.* 51), formé de deux compartiments séparés par une cloison verticale.

L'intérieur du nez porte le nom de fosses nasales ; elles sont tapissées d'une membrane muqueuse appelée la pituitaire.

L'air chargé de particules odorantes entre dans le nez, frappe la pituitaire, qui perçoit les odeurs et les transmet au cerveau par le nerf olfactif.

L'intérieur des fosses nasales présente trois divisions appelées : cornet inférieur, cornet moyen, cornet supérieur.

Le goût.

Le sens du goût nous fait connaître la saveur des matières, particulièrement des aliments et des boissons. Il a pour organe principal la langue (*fig.* 52).

La langue est fixée au fond de l'arrière-bouche ; elle est recouverte par une membrane muqueuse présentant un grand nombre de petites aspérités appelées papilles.

Les substances déposées sur la langue sont dissoutes par la salive, les papilles en perçoivent la saveur, que les nerfs du goût transmettent au cerveau.

Le tact

Le sens du tact ou du toucher nous permet de constater la forme, la température et la dureté des objets.

Il a pour organe principal la peau et surtout l'extrémité des doigts. (Voir le *tableau* 7, *fig.* 4 et 5.)

Les animaux touchent généralement les objets avec l'organe qui leur sert à prendre leur nourriture. Cependant, quelques espèces ont les organes spéciaux du toucher ; tels sont : les papillons, qui ont pour organes du toucher les antennes ; certains mollusques, qui touchent les objets avec leurs tentacules.

Il est facile de comprendre que les nerfs du derme reçoivent les sensations du toucher et les transmettent au cerveau par le système nerveux.

RÉSUMÉ

Il y a trois règnes dans la nature : le règne animal, le règne végétal et le règne minéral.

Notre corps est formé de diverses parties, qui remplissent chacune une fonction particulière : tels sont les os, les muscles, le sang, etc.

Le squelette de l'homme est formé par des os généralement articulés. Il comprend : les os de la tête, les os du tronc, les os des membres.

Les principaux os de la tête sont : le frontal, les pariétaux, les temporaux, l'occipital, les maxillaires, les os des pommettes et du nez.

Les os du tronc sont : l'humérus, le radius et le cubitus, les os du carpe, du métacarpe et les phalanges des doigts.

Les os des jambes sont : le fémur, la rotule, le tibia et le péroné, les os du tarse, du métatarse et les phalanges des orteils.

Les os et les muscles sont les organes du mouvement.

Les muscles forment la chair, ils ont la propriété de se raccourcir, et, par suite, de faire exécuter aux diverses parties du corps tous les mouvements que nous désirons.

Certains mouvements sont exécutés sans notre volonté. Tels sont ceux du cœur, de l'estomac, du diaphragme.

La peau se compose de trois couches superposées : le derme, le corps musqueux et l'épiderme.

Elle sert aussi à protéger les chairs.

C'est le derme des animaux qui fournit le cuir.

La coloration de la peau est due à de petites granulations noires, jaunes ou rouges, qu'elle contient.

Le système nerveux donne au corps la sensibilité et le mouvement. Il a pour organes le cerveau, le cervelet, la moelle épinière et les nerfs.

La moelle épinière et les nerfs font exécuter les mouvements commandés par le cerveau et lui transmettent nos impressions.

On distingue les nerfs moteurs et les nerfs sensitifs.

Le grand sympathique est le plus important des nerfs qui agissent sans être commandés par le cerveau.

L'oreille est l'organe de l'ouïe. Les principales parties de l'oreille sont : le pavillon, la membrane du tympan, les quatre osselets et le nerf acoustique.

C'est le nerf acoustique qui transmet au cerveau les impressions du son.

L'œil est l'organe de la vue. Les principales parties de l'œil sont : la pupille, le cristallin, la rétine et le nerf optique.

La rétine reçoit l'impression des objets éclairés, et le nerf optique transmet cette impression au cerveau.

Le sens du tact, ou toucher, a pour organe principal la peau et surtout l'extrémité des doigts.

Les extrémités des nerfs qui se trouvent dans le derme reçoivent les sensations du toucher et les transmettent au cerveau.

Les animaux touchent les objets avec l'organe qui leur sert à prendre leur nourriture, ou avec des organes spéciaux.

DEVOIRS

1° Le squelette de l'homme. — Ses divisions. — Os principaux et fonctions qu'ils remplissent.

2° Parler du mouvement et ensuite de la peau.

3° Dites ce que vous savez sur le système nerveux de l'homme.

4° Les cinq sens. — Indiquer pour chacun d'eux la composition et la manière de fonctionner.

AGRICULTURE

Aération du sol

Pour qu'une graine puisse germer, il lui faut de l'air, de l'eau et de la chaleur ; on sait, en effet, que les graines privées d'air ou d'humidité ou de chaleur ne germent pas.

Par suite, un sol, pour être fertile, doit non seulement renfermer tous les éléments nécessaires aux plantes, mais il doit aussi être meuble, c'est-à-dire bien cultivé, pour que l'air puisse pénétrer jusqu'aux racines.

L'aération du sol s'obtient par les labours, les hersages, les binages et les buttages.

Labours

Les labours sont des travaux qui ont pour but d'ameublir, c'est-à-dire de remuer, de diviser la couche supérieure du sol que l'on appelle sol arable.

Les labours agissent sur le sol de quatre manières : ils l'aèrent ; ils favorisent les combinaisons des éléments qui le constituent ; ils permettent aux racines de se développer dans la couche arable pour y chercher leur nourriture ; ils détruisent les mauvaises herbes et certains insectes.

Les labours peuvent se faire par la force des animaux ou de la vapeur avec des machines appelées : charrue, araire, scarificateur, extirpateur, herse, rouleau, houe à cheval ; ou bien avec des outils tels que la bêche, la pioche, la houe, le hoyau, le pic, la piémontaise, etc.

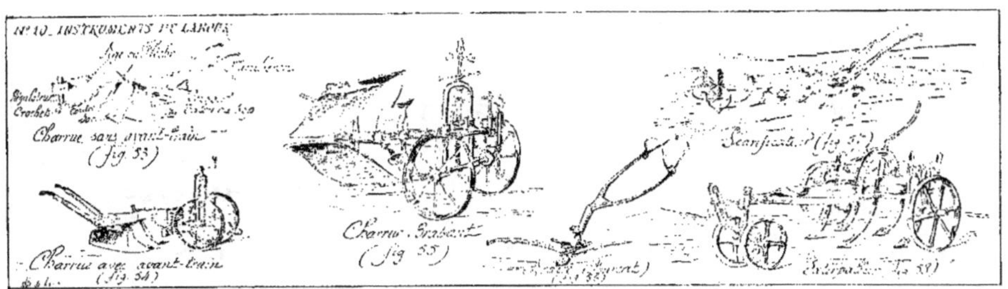

Il est bon de labourer dès qu'on a enlevé les récoltes : le travail se fait mieux, et l'on enfouit ainsi les fanes et les chaumes, qui se convertissent en engrais dans le sol.

La profondeur du labour varie selon l'épaisseur de la couche arable, les engrais à employer et la longueur des racines des plantes que l'on doit cultiver.

On laboure à *plat* quand la charrue renverse les bandes de terre toujours du même côté ; on laboure par *billons* quand on laisse de distance en distance des sillons entre lesquels la charrue élève les bandes de terre.

Instruments de labour

Charrue. — La charrue (*fig.* 53) sert à ameublir profondément le sol. Elle est formée : de l'age ou flèche, qui soutient toutes les autres pièces ; du soc, qui coupe la terre horizontalement ; de deux mancherons, qui permettent de diriger la charrue ; du versoir, qui rejette la terre de côté ; du coutre, qui fend la terre : du talon ou sep, qui assure la stabilité de la charrue ; du régulateur, qui permet de couper une bande de terre plus ou moins large et plus ou moins profonde ; enfin, du crochet d'attelage. La chaîne de traction est fixée à l'age.

Beaucoup de charrues, surtout dans le Nord, sont munies d'un avant-train, formé de deux roues réunies par un essieu (*fig.* 54). On l'emploie avantageusement sur les sols rocailleux ou qui ont peu de profondeur.

Dans le Midi, on emploie beaucoup, soit pour labourer les champs, soit pour labourer les vignes, un araire (fourcat), n'ayant qu'un mancheron (*fig.* 56). Un seul cheval le traîne. Pour nettoyer le soc auquel la terre s'attache, on se sert d'un outil appelé curette.

L'une des meilleures charrues est le Brabant double (*fig.* 55). Cette charrue porte deux socs avec versoir, l'un au-dessus, l'autre au-dessous de l'age. Cette disposition permet de renverser la terre toujours du même côté : à cet effet, le laboureur, arrivé à l'extrémité du champ, retourne la charrue et dirige l'attelage en sens contraire.

Depuis quelques années, on fait usage, pour défoncer des terrains ayant une certaine étendue, d'une espèce de charrue Brabant mue par la vapeur. Cette charrue trace des sillons énormes et active le travail d'une manière surprenante.

Scarificateur. — Le scarificateur, appelé aussi gratteuse (*fig.* 57), sert à diviser le sol en le faisant éclater, et à extirper les mauvaises herbes, telles que le chiendent. Il est formé d'un bâti soutenu sur trois ou quatre petites roues et portant des socs minces ou des couteaux à pointes recourbées, qui pénètrent dans le sol.

Extirpateur. — L'extirpateur (*fig.* 58) sert à ameublir la surface du sol et à faire périr les mauvaises herbes. Il ne diffère du scarificateur que par la forme de ses dents.

Herse. — La herse sert à ameublir superficiellement le sol après un labour, à enfouir les semences, à enlever les mauvaises herbes extirpées par la charrue, à détruire la mousse qui

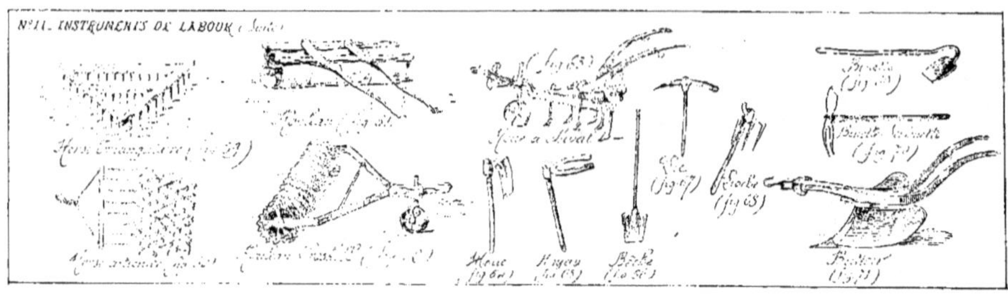

recouvre les prairies, à rendre la surface du sol plus unie. Les dents de la herse sont fixées à un châssis en bois ou en fer, ayant tantôt la forme d'un triangle (*fig.* 59), tantôt celle d'un parallélogramme.

On remplace avantageusement ces deux genres de herse par la herse articulée en fer, composée de plusieurs châssis mobiles reliés par des chaînes (*fig.* 60).

Rouleau. — Les rouleaux (*fig.* 61) servent à briser les mottes, à plomber les terres ensemencées et à rechausser les céréales après l'hiver. Ils servent encore à séparer les grains des épis. Le rouleau Croskill (*fig.* 62) est le plus estimé.

Houe à cheval. — La houe à cheval (*fig.* 63) est composée de dents de scarificateur et de dents d'extirpateur : elle sert à biner d'une manière plus expéditive qu'à la main les cultures semées en lignes ; on l'emploie aussi avantageusement pour enterrer les semences.

Houe. — La houe (*fig.* 64) est un instrument de labour composé d'une lame de fer large et recourbée fixée à un manche : elle sert à remuer le sol, à déchausser les souches, etc.

Hoyau. — Le hoyau (*fig.* 65) est une espèce de houe à deux ou trois dents ; il en a à peu près les mêmes usages.

Bêche. — La bêche (*fig.* 66) est formée d'une lame de fer ayant la forme d'un trapèze. Elle se termine par une douille droite dans laquelle est enfoncé un manche en bois droit. Le labour à la bêche est excellent, mais peu expéditif.

Pic. — Le pic (*fig.* 67) sert à défoncer un sol dur ou rocailleux.

Pioche. — La pioche est une espèce de hoyau dont les dents sont pointues : on s'en sert pour défoncer les sols faciles à travailler et pour piocher la vigne avant les binages. La pioche a deux ou trois dents (*fig.* 68).

Binages

Le binage est une seconde façon donnée à la terre pour l'empêcher de durcir et pour arracher les plantes nuisibles.

Les binages contribuent beaucoup à entretenir la fraîcheur dans la terre et à faciliter la décomposition des matières fertilisantes.

On bine surtout au printemps, soit à la main, au moyen de la binette (*fig.* 69), ou de la houe, soit à la houe à cheval.

Buttages

Le buttage est une opération agricole qui consiste à entourer une plante de terre.

On butte au moyen du *buttoir* (*fig.* 71), espèce de petite charrue à deux versoirs que l'on peut écarter ou rapprocher selon l'intervalle qui sépare les lignes des plantes à butter. On butte aussi au moyen de la binette.

La terre accumulée autour des plantes conserve l'humidité sur les racines.

On pratique surtout le buttage pour les pommes de terre et le maïs.

Action de l'air sur les végétaux

Les végétaux sont principalement formés de dix éléments ou corps simples. Six de ces éléments leur sont fournis en abondance par le sol ou l'atmosphère. Ce sont : le carbone, l'oxygène, l'hydrogène, le soufre, le fer, la magnésie. Les quatre autres doivent leur être procurés par l'agriculteur sous forme d'engrais. Ce sont : l'azote, l'acide phosphorique, la potasse et la chaux.

L'air atmosphérique joue un grand rôle dans la nutrition des végétaux. En effet, la plante trouve dans l'acide carbonique et dans l'oxygène de l'air le carbone et l'oxygène dont elle a besoin pour sa propre nourriture. (Cette partie sera développée dans les leçons du mois de janvier.)

L'air contribue aussi puissamment à favoriser un phénomène appelé la nitrification. Quelques explications sont nécessaires : L'air donne bien à la plante le carbone et l'oxygène, de même que l'eau lui donne l'hydrogène ; mais, sauf quelques végétaux de la famille des légumineuses, aucune ne peut se nourrir de l'azote atmosphérique. Cependant, l'azote est indispensable au développement des plantes : il faut donc que l'agriculteur le leur procure sous forme d'engrais.

Or, l'azote, tel qu'il se trouve dans les engrais, est impropre, comme l'azote de l'air atmosphérique, à nourrir la plante. C'est seulement lorsque les engrais sont restés enfouis un certain temps dans le sol que l'oxygène de l'air se combine avec l'azote de ces engrais pour le transformer en acide nitrique. La plante absorbe cet acide par les racines et s'en nourrit.

Cette transformation de l'azote en acide nitrique porte le nom de nitrification.

Il est facile de comprendre que, puisque c'est l'air atmosphérique qui produit la nitrification de l'azote contenu dans les engrais, les labours, les binages et les buttages activent beaucoup ce phénomène, car ils permettent à l'air de pénétrer facilement dans toutes les parties du sol.

Aération des Ecuries, Etables et Bergeries

Les animaux respirent comme nous : ils prennent de l'oxygène à l'air et lui rendent de l'acide carbonique, qui est un poison. Cet acide carbonique s'accumule dans les locaux mal aérés où vivent parfois les animaux domestiques. Peu à peu, le sang de ces animaux se vicie et leur santé s'altère ; ils ne donnent plus, ni le même travail, ni le même lait, ni la même qualité de viande. Souvent même, ils tombent malades et meurent empoisonnés par l'excès d'acide carbonique contenu dans l'air respiré. L'agriculteur a donc tout intérêt à bien loger ses animaux domestiques.

Ecuries. — L'écurie est le bâtiment affecté au logement des chevaux.

Elle doit être bien aérée, mais sans courant d'air excessif. A cet effet, il doit y avoir des fenêtres placées assez haut pour que le courant d'air passe au-dessus des animaux : il n'y a rien de plus dangereux pour un cheval que les courants d'air froid.

Chaque fenêtre sera munie de volets à bascule, pouvant s'ouvrir à volonté au moyen d'une petite chaîne permettant de régler l'entrée de l'air. En été, il faut garnir les fenêtres d'un grillage en fil de fer, à mailles serrées, pour empêcher les moustiques de venir tourmenter les animaux.

Etable. — L'étable est le bâtiment affecté au logement des bœufs.

L'aération de l'étable repose sur les mêmes principes que celle de l'écurie.

Bergerie. — La bergerie est le logement des moutons.

L'aération de la bergerie est plus simple que celle de l'écurie et de l'étable : on se contente de laisser de distance en distance sur les murs, des ouvertures rectangulaires verticales ayant 0^m,40 de haut sur 0^m,10 de large. Ces ouvertures, placées bien au-dessus des moutons, permettent à l'air de se renouveler constamment sans incommoder les bêtes. En hiver, quand le temps est trop froid, le berger peut boucher une partie des ouvertures avec un peu de paille.

Indépendamment de l'aération, voici les principales règles à suivre pour que les animaux domestiques soient bien logés :

1° Les étables, écuries et bergeries doivent être spacieuses : il faut environ 25 mètres cubes d'air pour chaque cheval ou chaque bœuf. La hauteur du sol au plancher sera de trois mètres au moins ;

2° Le sol doit être pavé ou imperméable et à pente douce, afin de faciliter l'écoulement de l'urine dans la fosse à purin ;

3° Il faut étriller et brosser avec soin les

chevaux et les bœufs. Chez les animaux, comme chez l'homme, on doit éviter que la poussière ou la saleté bouchent les pores de la peau par lesquels s'échappe la sueur, car la sueur sert à purifier le sang ;

4° La litière doit toujours être sèche, propre et souvent renouvelée, surtout pour la vache, afin qu'elle produise beaucoup de lait et se porte bien.

Dans les bergeries, on ne retire pas le fumier chaque matin comme dans les écuries et les étables ; on peut l'y laisser séjourner quelque temps sans danger.

RÉSUMÉ

Pour être fertile, un sol doit être meuble.

L'aération du sol s'obtient par les labours, le hersage, les binages et les buttages.

Les labours ont pour but de remuer, de diviser le sol arable.

Il est bon de labourer dès qu'on a enlevé les récoltes.

Les divers instruments de labour sont : la charrue, l'araire, le scarificateur, l'extirpateur, la herse, le rouleau, la houe à cheval, la houe, le hoyau, la bêche, le pic, la pioche, le buttoir.

Le binage est une seconde façon donnée à la terre. On bine surtout au printemps.

Le buttage consiste à entourer une plante de terre. On pratique surtout le buttage pour les pommes de terre et le maïs.

Les végétaux sont formés de six éléments fournis par le sol ou l'air, savoir : le carbone, l'oxygène, l'hydrogène, le soufre, le fer, la magnésie ; et quatre fournis par les engrais, savoir : l'azote, l'acide phosphorique, la potasse et la chaux.

L'air atmosphérique joue un grand rôle dans la nutrition des végétaux.

On appelle nitrification la transformation de l'azote des engrais en acide nitrique dont la plante se nourrit.

Les écuries, les étables et les bergeries doivent être bien aérées, mais sans courant d'air excessif. Il faut aussi qu'elles soient spacieuses et que le sol soit pavé ou imperméable.

Les chevaux et les bœufs doivent être étrillés et brossés avec soin ; leur litière sera toujours sèche, propre et souvent renouvelée.

Dans les bergeries, on peut laisser séjourner le fumier pendant quelque temps.

DEVOIRS

1° Montrer la nécessité de l'aération du sol. — Faire connaître l'action exercée sur le sol par les labours. — Indiquer la profondeur à donner aux labours.

2° Indiquer les usages des principaux instruments de labour.

3° Faites connaître les règles à suivre pour que les animaux domestiques soient bien logés.

HYGIÈNE

Air pur et air vicié. — On appelle air pur, l'air qui est composé de : 1 partie d'oxygène, 4 parties d'azote, de la vapeur d'eau et de 3 à 5 dix-millièmes d'acide carbonique.

L'oxygène de l'air est absolument indispensable à la vie, tandis que l'acide carbonique est un gaz asphyxiant. Quant à l'azote, il ne fait que tempérer les effets de l'oxygène.

L'air atmosphérique est considéré comme vicié, lorsqu'il contient une quantité d'acide carbonique double de celle qui vient d'être indiquée, c'est-à-dire de 6 à 10 dix-millièmes.

Causes de l'insalubrité de l'air. — Toutes les fois qu'un grand nombre de personnes sont réunies dans une salle, dont les portes et les fenêtres sont fermées, l'air de cette salle se trouve vicié par l'acide carbonique que produit la respiration.

Si l'on reste pendant quelques heures dans une salle dont l'air renferme seulement 15 millièmes d'acide carbonique, on éprouve un certain malaise ; si cette proportion s'élevait à 20 centièmes, il y aurait grand danger d'empoisonnement.

Le bois et la houille qui brûlent dans nos foyers et dans les usines produisent une grande quantité d'acide carbonique ; les égouts, les cuves à fermentation, les matières organiques en décomposition en répandent aussi dans l'atmosphère.

Enfin, l'air peut encore être vicié par les odeurs de cuisine, par les émanations qui se dégagent de la surface de la peau, par les poussières de toute nature, etc. Pasteur a démontré que ces poussières contiennent une infinité de petits corps appelés microbes qui souvent peuvent nous transmettre des maladies contagieuses.

Aération et propreté des appartements

Il est donc absolument nécessaire que les appartements soient propres, bien éclairés et bien aérés (*fig.* 72) : l'air vicié pourra ainsi être chassé et remplacé par l'air pur du dehors.

Les chambres à coucher surtout doivent être spacieuses ; on les aérera et balayera journellement (*fig.* 73).

Il arrive parfois que la cherté du loyer oblige toute une famille à coucher dans une même chambre étroite (*fig.* 74) ; l'air de cette chambre est bientôt malsain et nuisible à la santé des parents et des enfants.

Il ne faut pas négliger d'ouvrir entièrement les croisées, surtout le matin, afin que l'air vicié pendant la nuit soit chassé et remplacé par de l'air pur.

C'est pour renouveler l'air de la classe, rendu malsain par la respiration des élèves, qu'on doit laisser, pendant les récréations, même en hiver, les portes et les fenêtres toutes grandes ouvertes.

Propreté des vêtements et du corps

La propreté des vêtements et du corps est indispensable pour conserver la santé.

Les maladies sont le plus souvent dues à la malpropreté, à la mauvaise tenue de nos maisons (*fig.* 75), ou à l'insuffisance d'air et de lumière de nos appartements.

Il faut donc se laver tous les jours le visage, le cou et les mains (*fig.* 76) ; prendre assez souvent des bains de pieds et de corps, surtout en été. L'eau ne manque nulle part, et la paresse ou la négligence ne sont jamais excusables.

Les vêtements doivent être en rapport avec les saisons et très propres, surtout le linge de corps. On peut porter des habits rapiécés, mais non sales ou déchirés.

La peau s'use constamment, et laisse adhérentes aux vêtements qui la touchent de fines pellicules. Ces pellicules forment avec la poussière et la sueur une couche humide de crasse préjudiciable à notre bien-être et à notre santé. En voici la raison : notre peau est percée d'une infinité de petites ouvertures appelées pores, par lesquelles s'échappent la sueur et certaines impuretés du sang. Si ces orifices très étroits sont bouchés par la poussière ou la crasse, la sécrétion s'arrête, le sang garde en suspens tous ces liquides ou matériaux nuisibles, qu'il aurait rejetés. Il se vicie dans peu de temps, et notre santé se trouve altérée.

L'humidité des vêtements entraîne les refroidissements subits, les rhumes, les fluxions de poitrine. Les chaussures mouillées et le froid

prolongé aux pieds peuvent aussi occasionner de graves maladies.

Enfin, pour se préserver de la petite vérole, il faut se faire vacciner, c'est-à-dire se faire inoculer le germe atténué de la maladie. Il est bon de se faire revacciner tous les cinq ans.

Utilité de l'exercice

Quand le corps reste trop longtemps immobile, il s'engourdit, et nous éprouvons une espèce de lassitude qui nous incommode. Il faut donc au corps du mouvement.

L'exercice fait avec modération produit des sensations agréables, augmente la chaleur du corps provoquée par le jeu régulier des muscles, donne de l'appétit, parce que le corps a besoin de réparer les forces que l'exercice lui fait dépenser, et rend la nutrition plus active.

Les exercices bien réglés fortifient les organes, surtout les muscles, et augmentent leur volume. Ils sont surtout utiles aux personnes sédentaires.

Marche, Course, Gymnastique

La marche, la course modérée constituent un excellent exercice. Il en est de même du travail manuel : les personnes qui s'y livrent se portent généralement mieux que les autres.

Après une course ou une marche, les mouvements respiratoires sont bien plus fréquents. Ce n'est pas un mal pour la santé ; au contraire, plus la respiration est rapide, plus la combustion qui s'opère dans le sang est forte, et, par suite, plus le corps doit prendre de nourriture pour remplacer les parties brûlées.

Mais, lorsque, par suite d'un exercice prolongé, l'on éprouve de la fatigue, il importe de se reposer : dans le cas contraire, on risquerait d'avoir une *courbature*.

La gymnastique et les exercices militaires fortifient le corps, le rendent plus souple, plus agile, plus dur aux fatigues physiques ; ils aident beaucoup au développement de tous les membres et des organes.

Il y a une grande différence entre les enfants qui font de la gymnastique et ceux qui n'en font pas : les premiers se tiennent bien, le corps est droit, la démarche régulière et gracieuse, les mouvements souples, tandis que les autres ont le corps comme affaissé ; ils marchent avec indolence et sont très gauches dans leurs allures.

Il faut éviter les exercices trop pénibles et les mouvements trop violents ou irréguliers, parce qu'ils sont nuisibles. Prenons comme exemple un enfant qui ne joue pas avec modération (*fig.* 77). Bientôt il est en sueur et il ôte une partie de ses vêtements pour être plus à l'aise (*fig.* 78). Quelquefois, il s'arrête brusquement et va se placer dans un endroit frais ou à un courant d'air (*fig.* 79). Ou bien encore il va boire de l'eau froide (*fig.* 80). Qu'arrive-t-il ? Une fluxion de poitrine se déclare et le voilà dans son lit, bien malade, en danger de mort (*fig.* 81).

Quand on sue, on ne doit jamais s'alléger de ses vêtements et encore moins boire de l'eau fraîche. Il faut, dès qu'on le peut, changer de linge et, en attendant, ne pas rester immobile.

Accidents

Lorsqu'on est témoin de quelque grave accident, il faut au plus vite envoyer chercher un médecin ; mais, en attendant son arrivée, il est bon de donner les premiers soins à la victime de l'accident.

Voici quels sont les accidents les plus fréquents, et les premiers soins à donner :

Foulure. — La foulure, qu'on appelle aussi *entorse*, est produite par une chute, ou un faux pas, ou un mouvement violent.

Il faut : 1° plonger, s'il est possible, dans l'eau froide bien propre, la partie malade ; 2° appliquer ensuite des compresses très propres d'alcool camphré ; 3° repos absolu et position élevée du membre blessé. On pratique aujourd'hui, avec succès, le massage.

Luxation. — Il y a luxation lorsque l'os est déboîté. On doit agir comme pour l'entorse en attendant que le médecin, appelé en toute hâte, remette l'os à sa place.

Fracture. — Une fracture ou cassure d'os est plus grave. Il faut vite appeler le médecin ; mais, en l'attendant, voici ce que l'on peut faire :

1° Transporter le blessé avec la plus grande précaution, sur une civière, par exemple, pour ne pas déplacer les os fracturés ; 2° le déposer sur son lit sans secousses ; 3° découdre ou couper la partie du vêtement où se trouve le membre blessé ; 4° s'il y a une plaie, laver cette plaie avec de l'eau bien propre et la recouvrir d'une compresse d'eau froide.

Coupure. — 1° Laver la plaie avec de l'eau froide bien propre ; 2° rapprocher les lèvres de la coupure et placer dessus un tampon de charpie phéniquée, ou trempée dans l'alcool ou l'arnica ; 3° serrer avec une bande pour arrêter l'hémorragie. S'il y avait évanouissement, il faudrait agir comme pour la syncope.

Nota. — Si la coupure avait entamé une artère, ce qui a lieu quand le sang coule par jets, il faudrait appeler immédiatement le médecin, et, en attendant, serrer fortement le membre blessé avec une bande de toile appliquée au-dessus de la blessure pour tâcher d'arrêter le sang.

Contusion. — Sur la bosse, connue sous le nom de bleu, provenant du sang qui s'est échappé des vaisseaux sanguins, on pressera légèrement une pièce de monnaie. S'il y a plaie ou déchirement de la peau, il faudra opérer comme pour la coupure.

Brûlure. — 1° Plonger dans l'eau froide la partie brûlée ; 2° si cela ne se peut pas, l'arroser constamment d'eau froide bien propre ; 3° la couvrir ensuite de compresses d'eau froide, que l'on renouvellera dès qu'elles commenceront à s'échauffer ; 4° si la peau est soulevée et forme des cloches ou ampoules, il faut les percer avec une épingle sans enlever la peau ; 5° appliquer ensuite sur la plaie des pulpes de pomme de terre ou de l'huile, du beurre, ou du blanc d'œuf, ou de la gelée de groseille, et on enveloppe d'ouate que l'on comprime légèrement avec une bande de linge. Cette ouate a pour but d'éviter le contact de l'air qui provoquerait une douleur cuisante et rendrait la cicatrisation plus difficile.

Hémorragie. — Le saignement de nez est la plus fréquente, surtout chez les enfants. Bien souvent, il suffit de placer une grosse clef froide dans le cou entre les deux épaules. Si cela ne suffit pas, il faut faire tenir à l'enfant la tête droite, lui appliquer sur le front des compresses d'eau fraîche et lui faire tenir en l'air le bras correspondant à la narine par où le sang coule.

Syncope. — La syncope ou évanouissement est produite par l'arrêt subit et momentané de la respiration et de la circulation du sang. Il faut : 1° placer le malade horizontalement ; 2° desserrer ses vêtements ; 3° lui jeter à la figure quelques gouttes d'eau froide vinaigrée ; 4° lui faire respirer des sels ou de l'éther.

Apoplexie. — L'apoplexie résulte presque toujours d'une maladie du cerveau. Il faut vite appeler un médecin. En attendant son arrivée, voici les premiers soins à donner : 1° porter le malade au grand air ; 2° le coucher en lui tenant la tête élevée ; 3° mettre sur la tête des compresses d'eau froide ; 4° frictionner énergiquement les membres inférieurs ; 5° appliquer des bouillottes ou des briques bien chaudes aux pieds et au dos ; 6° mettre des sinapismes de montarde aux deux mollets.

RÉSUMÉ :

L'air pur est composé d'une partie d'oxygène, 4 d'azote, 3 à 5 dix-millièmes d'acide carbonique et un peu de vapeur d'eau.

L'air pur peut devenir vicié : 1° par la réunion d'un grand nombre de personnes dans une salle close ; 2° par les combustions diverses ; 3° par les égouts, les cuves à fermentation, les matières organiques en décomposition ; 4° par les odeurs de cuisine, les émanations qui se dégagent de la surface de la peau, les poussières de toute nature.

Il est absolument nécessaire que les appartements soient propres, bien éclairés et bien aérés.

La propreté des vêtements et du corps est indispensable pour conserver la santé.

Les vêtements doivent être en rapport avec les saisons et très propres.

Il ne faut pas garder des vêtements ou des chaussures humides.

Tous les cinq ans, on doit se faire revacciner.

La marche, la course modérée, la gymnastique et les travaux manuels sont les meilleurs mouvements pour la bonne tenue du corps et le développement des forces.

Les exercices trop pénibles et les mouvements violents nuisent à la santé.

Ne buvons pas de l'eau fraîche quand nous sommes couverts de sueur, changeons de linge dès que nous le pourrons.

Lorsqu'on est témoin d'un grave accident, il faut au plus vite envoyer chercher un médecin.

Les accidents suivants sont les plus fréquents : foulure, luxation, fracture, coupure, contusion, brûlure, hémorragie, syncope, apoplexie.

DEVOIRS :

1° Quelles sont les causes de l'insalubrité de l'air ? Donnez quelques explications.

2° Pourquoi les appartements doivent-ils être bien aérés et bien propres ?

3° Démontrer la nécessité de tenir les vêtements et le corps propres.

4° De l'utilité de l'exercice : marche, course, gymnastique.

PROGRAMME DU MOIS DE NOVEMBRE

PHYSIQUE ET CHIMIE		HISTOIRE NATURELLE		AGRICULTURE		HYGIÈNE	
Cours Moyen	*Cours Supérieur*	*Cours Moyen*	*Cours supérieur*	*Cours Moyen*	*Cours Supérieur*	*Cours Moyen*	*Cours Supérieur*
Pesanteur. - Chute des corps. — Leviers et balances. — Pression atmosphérique.—Baromètre.	Comme le cours moyen, plus : Machine pneumatique. — Air comprimé. — Applications industrielles.	Appareil digestif. — Alimentation et nutrition.	Comme le cours moyen, plus : Classification des aliments.	Alimentation du bétail. — Rations alimentaires. — Fourrages, racines, avoine, tourteaux, paille et son.	Comme le cours moyen	Choix et préparation des aliments. — Régularité des repas. — Boissons. -- Abus du tabac et des liqueurs fortes. Sobriété et tempérance.— Indigestion.	Comme le cours moyen

Pesanteur

On appelle pesanteur la tendance qu'ont tous les corps à tomber à la surface de la terre.

La terre, en effet, attire tous les corps en vertu d'une force appelée l'attraction. C'est pourquoi tous les corps tombent dès qu'on ne les soutient plus. Par suite, tous les corps sont pesants.

Les ballons eux-mêmes sont attirés par la terre comme les autres corps ; s'ils s'élèvent au lieu de tomber, c'est que le gaz dont ils sont remplis est plus léger que l'air. Faisons à ce sujet une petite expérience. Voici un bouchon de liège : je ne le soutiens plus. il tombe (*fig.* 82). Je le plonge maintenant au fond de ce vase plein d'eau (*fig.* 83) : il remonte vite dès que je le lâche (*fig.* 84), parce que le liège est plus léger que l'eau. L'eau soutient le bouchon, comme l'air soutient le ballon.

Un décimètre cube d'eau pèserait plus qu'un décimètre cube de liège : et, comme l'on appelle densité d'un corps le rapport qui existe entre son poids et le poids d'un égal volume d'eau pure, nous dirons : la densité du liège est plus faible que celle de l'eau.

Chute des corps

Tous les corps tombent également vite dans le vide. — Dans les cabinets de physique on constate ce fait au moyen d'un long tube en verre. Dans ce tube, on a mis une balle de plomb et une plume d'oiseau. On fait le vide en retirant l'air qu'il contient au moyen d'une machine dite pneumatique ; puis, renversant brusquement le tube, l'on voit que la balle et la plume arrivent ensemble à l'autre bout (*fig.* 85). Et, comme ces deux objets ont des densités bien

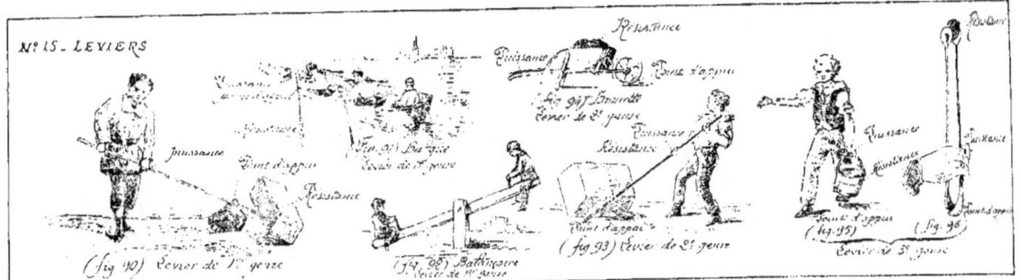

différentes, l'on peut admettre que tous les corps tombent également vite dans le vide.

On ouvre ensuite le robinet pour laisser entrer l'air ; on renverse encore le tube, et, cette fois, la balle de plomb arrive la première (*fig.* 86).

Il est évident que, si la plume est en retard, ce retard est dû à la résistance de l'air. Nous pouvons donc dire que la résistance de l'air ralentit la chute des corps.

Une expérience très simple va nous permettre de nous en assurer. Je prends d'une main une pièce de dix centimes ; de l'autre, une rondelle de papier de même dimension. Je les tiens horizontalement, à la même hauteur, et je les laisse tomber en même temps : la pièce touche déjà à terre, et le papier flotte encore dans l'air (*fig.* 87).

Ce retard est dû à la résistance de l'air plus sensible sur le papier, qui est plus léger que la pièce. En voici la preuve : je place la rondelle de papier sur la pièce et je laisse tomber le tout : les deux objets arrivent ensemble (*fig.* 88). C'est parce qu'à présent la rondelle de papier a été garantie de la résistance de l'air par la pièce de dix centimes.

L'expérience précédente nous prouve qu'un corps tombe d'autant plus vite que sa densité est plus forte.

Direction des corps qu'on laisse tomber. — Dès qu'un corps n'est plus soutenu, il tombe et ne s'arrête que lorsqu'il rencontre la terre. En tombant, il suit la direction du fil à plomb (*fig.* 89), et il irait directement au centre de la terre, s'il n'était retenu à la surface. Cette direction s'appelle la verticale.

Leviers

Quand les maçons ou les carriers veulent remuer un gros bloc de pierre, ils se servent d'une forte tige en fer. Cette tige porte le nom de levier.

Le point du levier sur lequel agit l'ouvrier porte le nom de puissance ; celui où le levier appuie et qui est fixe s'appelle point d'appui ; enfin la résistance est le point de l'objet à déplacer sur lequel le levier agit.

Il y a trois manières de se servir du levier ; de là, trois genres de levier.

Levier de 1er genre. — Dans le levier de premier genre, le point d'appui est situé entre la puissance et la résistance (*fig.* 90). Le levier aura d'autant plus de force que la distance entre le point d'appui et la puissance sera plus considérable. Il faut donc placer le point d'appui le plus près possible de la résistance. Une barque (*fig.* 91), une balançoire (*fig.* 92), le soufflet de forge, les ciseaux, les balances sont des leviers de premier genre.

Levier de 2me genre. — Dans le levier de second genre, la résistance se trouve entre le point d'appui et la puissance (*fig.* 93). La force développée dépend de la longueur du levier entre la résistance et la puissance. Une brouette (*fig.* 94) est un levier de second genre. Quand

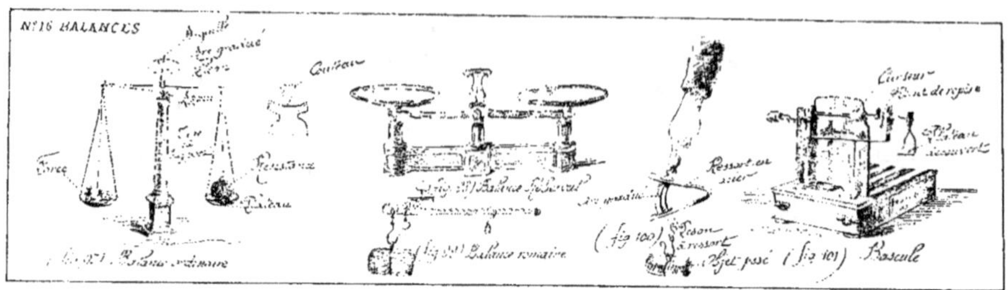

on ouvre une porte, un livre, on emploie un levier de deuxième genre.

Levier de 3me genre. — Dans le levier de troisième genre, la force est entre le point d'appui et la résistance (*fig.* 95 et 96).

Lorsqu'un enfant porte une cruche d'eau à sa maman, il emploie le levier de troisième genre, de même quand on prend avec les pincettes un tison enflammé.

Balances

Les balances sont des instruments qui servent à évaluer le poids des corps.

La balance ordinaire (*fig.* 97) se compose : 1° de la tige ou support, ayant à son extrémité supérieure un arc gradué ; 2° du fléau ou bras du levier, au milieu duquel se trouve, du côté inférieur, le couteau, et du côté supérieur, l'aiguille ; 3° des deux plateaux soutenus par des chainettes. Ces deux plateaux sont en équilibre, et l'aiguille correspond au milieu de l'arc.

Pour peser un objet, on le dépose dans un des plateaux de la balance ; l'équilibre est rompu. On met des poids dans l'autre plateau jusqu'à ce que l'équilibre soit rétabli : la valeur totale de ces poids donne le poids de l'objet.

Diverses autres balances sont employées :

1° *La balance de Roberval.* — Dans cette balance (*fig.* 98), les plateaux sont mobiles et placés au-dessus du fléau.

Elle est plus commode que la précédente, surtout lorsqu'il s'agit de peser des objets volumineux.

2° *La balance romaine.* — Cette balance (*fig.* 99) se compose d'un bras de levier gradué, que l'on peut suspendre au moyen d'un crochet. On attache à un autre crochet l'objet à peser, et l'on fait glisser le contre-poids ou curseur jusqu'à ce qu'il y ait équilibre : le chiffre correspondant alors au curseur indique le poids de l'objet.

3° *Le peson à ressort* (*fig.* 100) se compose d'un ressort en acier et de deux arcs en fer. L'un de ces arcs, gradué à la partie supérieure, est fixé par le bas au ressort et s'engaine dans l'autre extrémité. Le second arc est fixé d'une manière inverse. Quand on pèse un objet, les deux branches du peson se rapprochent plus ou moins, et le poids est indiqué sur l'arc à l'endroit où s'arrête la partie supérieure du ressort.

4° *La bascule* (*fig.* 101) est un instrument qui permet de peser de très lourds fardeaux. La bascule est très commode et très usitée dans le commerce. Elle se compose d'un plateau découvert très peu élevé sur lequel on met les objets à peser. Sur le côté se trouve un système de leviers à bras inégaux. Elle est enfin munie, à la partie supérieure, d'un bras de levier gradué dans lequel glisse un curseur comme dans la balance romaine.

On dépose les objets à peser sur le plateau et on fait glisser le curseur sur le bras de levier jusqu'au moment où les deux points de repère sont en regard : il ne reste plus qu'à lire sur la tige graduée le poids de l'objet.

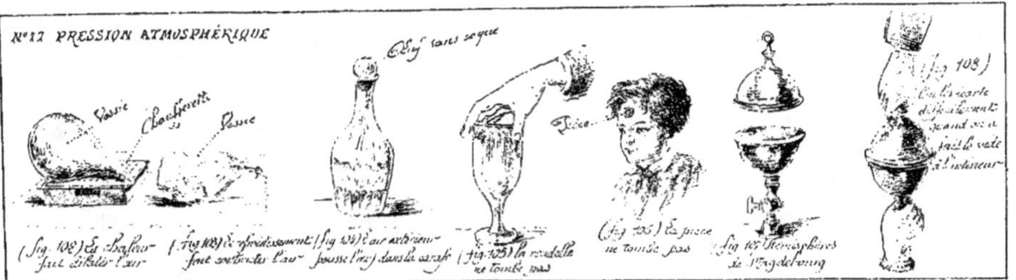

Pression atmosphérique

On appelle atmosphère la masse d'air qui environne la terre.

L'air a la propriété d'augmenter de volume en s'échauffant et de diminuer en se refroidissant.

Pour constater ce fait, je place cette vessie toute ridée, c'est-à-dire à moitié remplie d'air, sur la chaufferette. Les rides disparaissent peu à peu, la vessie s'arrondit ; elle a augmenté de volume (*fig.* 102) : la chaleur a donc fait dilater l'air qu'elle contient.

Je retire la vessie et je la laisse refroidir. Elle se rétrécit. Le refroidissement a donc fait contracter l'air qu'elle contient (*fig.* 103).

Chaque litre d'air pèse 1 gr. 3. Comme les liquides, il exerce une pression très considérable dans tous les sens sur les corps qu'il entoure.

On peut constater ce fait par diverses expériences.

1º *Pression de haut en bas.* — Je fais bien cuire un œuf et je le dépouille de sa coque. Je jette ensuite un morceau de papier allumé au fond d'une carafe vide ; quand ce papier est presque éteint, je place l'œuf sur le goulot de la carafe, en guise de bouchon. L'œuf s'enfonce peu à peu tout seul dans la carafe (*fig.* 104) ; il s'y précipite même bruyamment. La flamme du papier a échauffé l'air de la carafe : cet air, augmentant de volume, s'est échappé en partie, puis, quand le papier s'est éteint, l'air qui restait s'est refroidi, a diminué de volume, et, comme à ce moment l'œuf bouchait l'ouverture de la carafe,

il s'est formé un vide. Alors l'air extérieur a poussé l'œuf pour pénétrer dans ce vide.

2º *Pression de bas en haut.* — Je remplis exactement d'eau une carafe. Je découpe une petite rondelle de papier un peu plus grande que le goulot et je l'applique sur l'orifice de la carafe. Je renverse doucement l'appareil en soutenant le papier avec les doigts. Je retire la main et la rondelle ne tombe pas (*fig.* 105) : c'est la pression de l'air qui l'empêche de tomber, en la poussant contre la carafe.

Autre expérience. — Je place sur mon front une pièce de cinq centimes. Elle ne tombe pas : c'est la pression de l'air qui la pousse contre mon front (*fig.* 106).

3º *Pression de droite à gauche et de gauche à droite.* — Pour constater ce fait, l'on se sert, dans les cabinets de physique, des hémisphères de Magdebourg. Ce sont deux hémisphères creux, en cuivre (*fig.* 107), que l'on peut adapter l'un sur l'autre. On fait le vide à l'intérieur au moyen de la machine pneumatique, et alors on ne peut plus les séparer (*fig.* 108) ; c'est la pression de l'air qui les pousse l'un contre l'autre.

Mesure de la pression atmosphérique

C'est à un Français, le célèbre Pascal, que nous devons la mesure de la pression atmosphérique. Cette pression est énorme : elle est de cent quintaux métriques et même plus par mètre carré.

Comme notre corps a une surface un peu plus

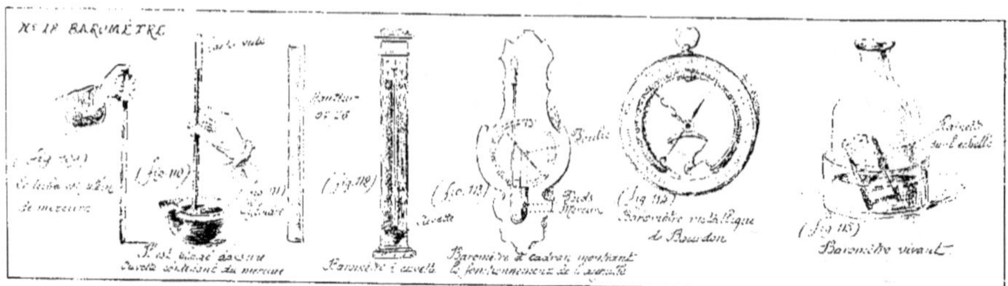

grande qu'un mètre carré, nous supportons une pression supérieure à cent quintaux métriques.

Si nous ne sommes pas écrasés par cette pression énorme, c'est qu'elle s'exerce également dans tous les sens, aussi bien à l'intérieur qu'à l'extérieur de notre corps dans lequel se trouvent des fluides qui supportent cette pression et lui font équilibre. Il y a plus : lorsque le baromètre baisse et que cette pression diminue, nous éprouvons un certain malaise et de la fatigue à remuer nos membres, qui nous semblent plus pesants. Par une singulière erreur, nous disons que l'air est lourd alors qu'il est précisément plus léger qu'à l'ordinaire.

Voici comment on peut mesurer cette pression : on remplit complètement de mercure un tube de verre d'environ un mètre de longueur et fermé à l'une de ses extrémités. On bouche avec le doigt (fig. 109) et on retourne le tube pour plonger l'extrémité ouverte dans une cuvette renfermant du mercure. Le doigt est alors retiré et la colonne de mercure descend de plusieurs centimètres dans le tube (fig. 110). Elle s'arrête cependant quand il y a une distance de 0 m. 76 c. entre son niveau supérieur et celui du mercure contenu dans la cuvette.

Si, au lieu de mercure, la colonne était formée d'eau, elle s'élèverait jusqu'à 10 m. 33, parce que l'eau est 13.6 fois moins dense que le mercure.

Pourquoi le mercure reste-t-il ainsi suspendu dans le tube ? Parce que la pression atmosphérique le repousse de bas en haut, tandis que rien ne le repousse de haut en bas : il y a, en effet, le vide au-dessus de la colonne de mercure.

Calculons la force, c'est-à-dire le poids de cette pression, représentée par le poids de la colonne de mercure. Supposons que l'ouverture du tube ait un centimètre carré de surface : puisque la colonne de mercure, dans le tube, a une hauteur de 0 m. 76, nous n'avons qu'à résoudre le problème suivant : « Trouver le poids d'un cylindre de mercure dont la surface de la base est de 1 cent. carré et la hauteur 0 m. 76 (fig. 111). » Solution : la surface de la base étant de 1 cent. carré et la hauteur de 0 m. 76, le volume sera de 76 c. cubes ou 0 d. cube 076. Le poids sera égal à ce volume multiplié par la densité, soit $0,076 \times 13$ k. 6 = 1 k. 033 gr. 6. Pour un mètre carré qui vaut 10,000 c. carrés, ce poids serait 10,000 fois plus grand, soit $1,0336 \times 10,000 = 10,336$ kilog. ou plus de 100 quintaux métriques.

Mais ce n'est qu'à la surface du sol ou, pour mieux dire au niveau de la mer, que la colonne de mercure a une hauteur de 0 m. 76. Si l'on s'élève dans un ballon ou sur une haute montagne, cette pression atmosphérique diminue, parce que la couche d'air devient de moins en moins épaisse.

Cette pression varie souvent d'un jour à l'autre et au même endroit, et c'est ce qui amène des changements dans l'atmosphère : vent, pluie, tempête, etc. La colonne descend lorsque le temps est à la pluie, parce que la pression est moins forte, et elle remonte lorsque le temps se remet au beau.

Baromètre

Le baromètre n'est autre chose que le tube de mercure dont nous venons de parler. Ce tube est appliqué sur une planchette graduée en centimètres et en millimètres à l'endroit qui avoisine la partie supérieure de la colonne de mercure (*fig.* 112). On l'appelle baromètre à cuvette.

On a construit des baromètres de diverses formes, selon les usages auxquels ils sont destinés ; exemple : le baromètre à cadran (*fig.* 113). On en a même construit sans mercure, que l'on appelle baromètres métalliques, et que l'on suspend dans les appartements. Tel est le baromètre métallique de Bourdon (*fig.* 114). Il se compose d'un tube courbe en métal et vide d'air, à parois minces et élastiques. Ce tube est fixé par le milieu à la boîte, et les deux extrémités communiquent à un engrenage qui fait avancer ou reculer une aiguille. Quand la pression diminue, le tube se gonfle, les extrémités s'écartent et l'aiguille tourne vers la gauche : c'est le mauvais temps. Quand la pression augmente, le tube s'aplatit, les extrémités se rapprochent et l'aiguille va vers la droite : c'est le beau temps. Une seconde aiguille, plus courte, que la main fait mouvoir, permet de s'assurer si la pression augmente ou diminue.

Comme ces instruments coûtent cher, les écoles n'en possèdent généralement pas ; mais toutes peuvent avoir le baromètre vivant que voici : On met une rainette dans un grand plat contenant de l'eau ; on la recouvre d'une grande bouteille ou dame-jeanne à laquelle il manquera le fond. On aura eu le soin de placer à l'intérieur de la bouteille une petite échelle appliquée contre les parois. Quand le temps sera beau, la rainette montera au haut de l'échelle (*fig.* 115) ; quand le temps sera à la pluie, elle descendra près de l'eau.

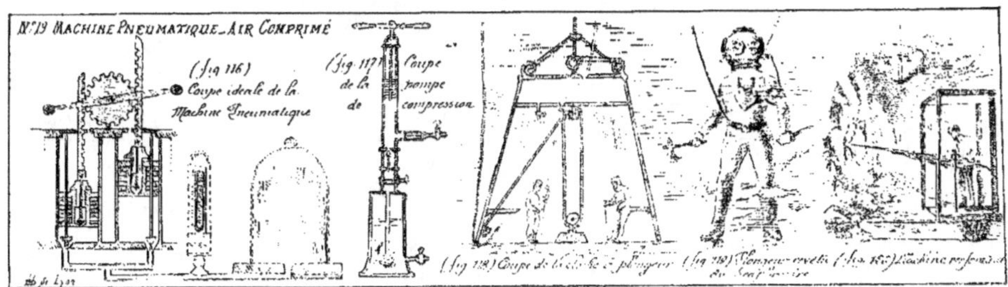

Machine pneumatique

La machine pneumatique sert à faire le vide, ou tout au moins à bien raréfier l'air contenu dans un récipient disposé à cet effet sur un plateau.

Elle se compose de deux cylindres de cristal dans chacun desquels se meut un piston percé au milieu. A la partie inférieure et centrale de chaque piston se trouve une soupape s'ouvrant de bas en haut, munie d'un ressort à boudin qui tend à la tenir fermée. A la partie supérieure est fixée une tige à crémaillère, qui sert à faire mouvoir le piston. à l'aide d'un pignon activé par deux manivelles.

A la base de chaque corps de pompe se trouve une autre soupape s'ouvrant aussi de bas en haut, destinée à ouvrir et à fermer alternativement la communication entre les corps de pompe et le récipient. Cette communication est faite au moyen d'un tuyau en cuivre partant des corps de pompe et allant aboutir au milieu du plateau sur lequel on place le récipient.

Enfin, entre les corps de pompe et le plateau, se trouve une éprouvette communiquant avec le conduit, destinée à faire connaître le degré de raréfaction de l'air dans le récipient.

Voici le jeu de la machine pneumatique : quand on descend le piston 1, le piston 2 monte. Celui qui descend comprime l'air qui est sous lui dans le corps de pompe parce que la soupape S se ferme. Cet air comprimé force la soupape du piston à se relever pour lui livrer passage et va se répandre dans l'atmosphère. Pendant ce temps, le piston 2 s'est relevé, faisant le vide sous lui dans le corps de pompe ; et, comme, en se relevant, il entraîne avec lui la soupape S, l'air du récipient, obéissant à son élasticité, va se répandre en partie dans le corps de pompe.

Un second coup de manivelle, en sens contraire, fera remonter le piston 1 et redescendre le piston 2. Les mêmes phénomènes se produiront jusqu'à ce que l'air qui reste n'ait plus la tension voulue pour soulever la soupape des pistons : alors la machine ne fonctionne plus.

Il y a un autre système de machine pneumatique à double effet, toute de fonte, se manœuvrant au moyen d'un volant.

Air comprimé

Il peut se faire qu'au lieu de raréfier l'air contenu dans un récipient, on le comprime. A cet effet, on fait usage de la pompe de compression (*fig.* 117).

Cet appareil se compose d'un corps de pompe de petit diamètre dans lequel se meut un piston plein au moyen d'une poignée. A la base du corps de pompe et sur le côté est adapté un tube muni d'une soupape et d'un robinet permettant à l'air extérieur d'entrer dans le corps de pompe. A l'extrémité inférieure de celui-ci se trouve une autre soupape et un pas-de-vis qui permet de le fixer sur le récipient dans lequel on veut comprimer l'air.

La disposition des soupapes indique le jeu de cet appareil : quand on soulève le piston, le vide se fait dans le corps de pompe ; la pression atmosphérique agit sur la soupape 1, la repousse et permet à l'air extérieur d'entrer dans le corps de pompe. Quand cet air est entré, la soupape 1 se ferme, grâce au ressort à boudin. Alors, si l'on descend le piston, l'air qui est dans le corps de pompe se comprime et force la soupape 2 à lui livrer passage pour aller se répandre dans le récipient. Cela fait, la soupape 2 se referme et, si l'on relève le piston, une nouvelle quantité d'air extérieur arrive dans le corps de pompe, et ainsi de suite.

Usages

Dans les laboratoires de physique, on se sert de la machine pneumatique pour faire une foule d'expériences servant à démontrer : 1° que les corps sont poreux ; 2° que tous les corps tombent également vite dans le vide ; 3° que le son ne se propage pas dans le vide.

La machine pneumatique permet aussi de constater : 1° l'effet de la pression atmosphérique, soit au moyen d'une peau tendue sur un manchon en verre, soit à l'aide des hémisphères de Magdebourg (*fig.* 107) ; 2° la pesanteur des gaz ; 3° le principe d'Archimède appliqué aux gaz, etc.

Dans l'industrie, la raréfaction ou la compression des gaz donne lieu à de nombreuses applications. Pour que la chaleur n'altère pas les sirops dont on extrait le sucre, on fait continuellement le vide au moyen de machines pneumatiques dans les chaudières qui contiennent ces sirops : par ce moyen, l'ébullition des sirops se produit à une température beaucoup plus basse que sous la pression atmosphérique.

La pompe de compression sert surtout à faire absorber les gaz par l'eau. Exemple : l'eau de Seltz, la limonade gazeuse, etc.

On se sert aussi de machines à comprimer l'air pour ventiler les mines. Nous devons dire à ce propos qu'un savant professeur de la Faculté des Sciences de Montpellier, M. Delage, vient de trouver un moyen beaucoup plus simple et plus sûr pour ventiler les mines et empêcher, par suite, les explosions de grisou : au lieu d'envoyer de l'air comprimé, M. Delage va chercher au fond des galeries, au moyen d'un ventilateur, les gaz délétères qui s'y accumulent sans cesse. A mesure que ces gaz sont retirés, ils sont remplacés tout naturellement par l'air atmosphérique.

Pour effectuer des travaux sous l'eau, on fait usage de cloches à plongeur (*fig.* 118), dans lesquelles se placent les ouvriers. Des pompes de compression placées sur le rivage ou dans des barques refoulent continuellement de l'air dans la cloche.

On fait aussi usage, pour le même objet, d'un appareil que l'on appelle scaphandre, dont se revêt le plongeur (*fig.* 119).

Pour préserver les pompiers de l'asphyxie pendant un incendie, on leur fait mettre une blouse de sûreté, dans laquelle on fait arriver de l'air comprimé, comme dans le scaphandre.

On se sert aussi de l'air comprimé dans les machines perforatrices. Ces machines (*fig.* 120) sont munies d'espèces de fleurets destinés à creuser progressivement la roche par des chocs répétés. Le mouvement est produit par une injection brusque d'air comprimé sur les pistons qui supportent les fleurets.

Les chemins de fer font usage de freins à air comprimé, qui arrêtent les trains en quelques secondes : dans ces cylindres placés sous les wagons, se trouvent des pistons qui commandent les freins : il suffit de faire arriver de l'air comprimé sur les pistons pour que tous les freins manœuvrent à la fois.

C'est l'air comprimé qui permet à la pompe à incendie d'avoir un jet continu.

Enfin, nous pouvons encore citer comme applications de l'air comprimé : la carabine à air comprimé ; la canne creuse lançant une pointe, le jouet des enfants en bois de sureau ; l'obturateur instantané des appareils de photographie ; le pulvérisateur ; etc.

RÉSUMÉ

On appelle pesanteur la tendance qu'ont tous les corps à tomber à la surface de la terre.

Tous les corps tombent également vite dans le vide.

La résistance de l'air ralentit la chute des corps.

Un corps tombe d'autant plus vite que sa densité est plus forte, et en suivant la direction du fil à plomb.

Il y a trois genres de levier : une balançoire est un levier de 1er genre ; une brouette, de 2me genre ; les pincettes, de 3me genre.

Les balances sont des instruments qui servent à évaluer le poids des corps. Les diverses espèces de balance sont : la balance ordinaire, la balance de Roberval, la balance romaine, le peson et la bascule.

On appelle atmosphère la masse d'air qui enveloppe la terre.

Chaque litre d'air pèse 1 gramme 3 décigram.

C'est Pascal qui a pu, le premier, mesurer la pression atmosphérique.

Le baromètre est un instrument qui sert à mesurer la pression atmosphérique. On distingue le baromètre à cuvette, le baromètre à cadran et les baromètres métalliques.

La machine pneumatique sert à faire le vide.

La pompe de compression sert, au contraire, à comprimer l'air.

Dans les laboratoires de physique, on se sert de la machine pneumatique pour une foule d'expériences.

Dans l'industrie, la raréfaction ou la compression des gaz donne lieu à de nombreuses applications.

L'appareil Delage permet de ventiler les mines et d'empêcher les explosions de grisou.

DEVOIRS

1° Expliquez les trois genres de levier en donnant des exemples.

2° Faites la description de la balance ordinaire et indiquez les diverses espèces de balance.

3° Parlez de l'atmosphère. — Citez quelques expériences qui permettent de constater la pression atmosphérique.

4° Description et usages du baromètre. — Diverses sortes de baromètres.

5° La machine pneumatique. — Ses applications.

6° Dire un mot sur la pompe de compression, la cloche à plongeur, le scaphandre, la blouse de sûreté, les freins à air comprimé, les machines perforatrices.

HISTOIRE NATURELLE

Appareil digestif

La digestion est une fonction qui a pour objet d'extraire des aliments tout ce qui peut servir au développement et à l'entretien de notre corps.

L'ensemble des organes de la digestion porte le nom d'appareil digestif. Cet appareil (fig. 121) se compose d'un tube appelé canal digestif, ayant 7 à 8 fois la longueur du corps. Il commence à la bouche et se termine à l'anus, par où sont rejetées les matières fécales.

Le canal digestif comprend : la bouche, le pharynx ou arrière-bouche, l'œsophage, l'estomac, l'intestin grêle et le gros intestin.

D'autres organes, tels que les dents, les glandes salivaires, la langue, le foie, le pancréas, sont annexés à ce canal.

Alimentation

Les aliments fournissent les matériaux nécessaires à l'entretien de nos organes et à la production de la chaleur de notre corps.

Il est donc nécessaire de manger et de boire pour vivre, pour entretenir, réparer et augmenter ses forces : mais il faut bien se garder de manger ou de boire avec excès, car ce n'est pas ce qu'on mange qui nourrit, mais bien ce qu'on digère. Ce qui est en excès ne peut que nous être nuisible.

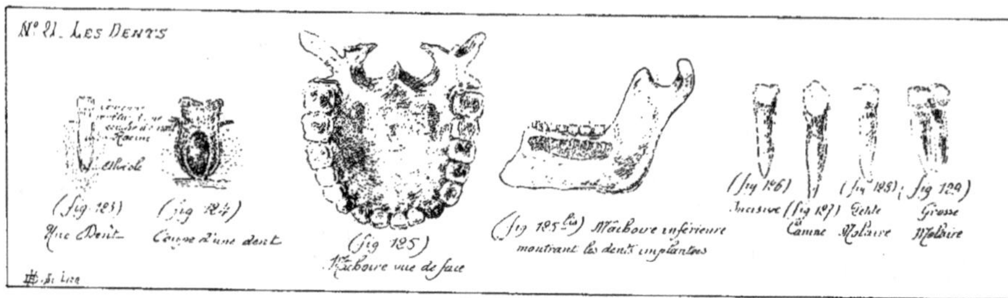

Il faut d'abord bien broyer les aliments avec les dents, et, pour cela, il ne faut pas manger trop vite.

Les dents

Les dents servent à diviser et à broyer les aliments. Elles sont formées d'un corps très dur appelé ivoire, et implantées dans des cavités ou alvéoles des os maxillaires (*fig.* 123).

La partie de la dent qui est en dehors de la gencive s'appelle couronne, et cette couronne est revêtue d'une couche d'émail : la partie fixée dans l'alvéole porte le nom de racine.

Au milieu de la racine se trouve une chair molle, rouge (pulpe dentaire), recevant un nerf, une veine et une artère (*fig.* 124). C'est ce nerf qui nous fait souffrir quand nous avons mal aux dents.

L'homme a 32 dents (*fig.* 125) : 8 en avant, dont 4 à chaque mâchoire : elles sont tranchantes, pour couper les aliments, de là leur nom d'incisives (*fig.* 126) ; 4 sur les côtés, dont 2 à chaque mâchoire ; elles sont pointues, pour déchirer les aliments ; on les appelle canines, parce qu'elles ressemblent aux dents du chien (*fig.* 127) ; 20 en arrière, dont 10 à chaque mâchoire ; elles sont plates et broient les aliments comme les meules broient le grain : c'est pour cela qu'on les appelle molaires (*fig.* 128).

A chaque mâchoire, les 4 premières molaires n'ont qu'une racine ; elles sont désignées sous le nom de petites molaires (*fig.* 128) ; les 6 autres ont deux ou trois racines : on les appelle grosses molaires (*fig.* 129).

On ne doit pas prendre un nouveau repas avant que les aliments du repas précédent ne soient complètement digérés. La digestion des aliments, en général, demande environ quatre heures.

Nutrition

La nutrition est une fonction par laquelle toute substance organisée vit, se maintient, s'accroît et se développe.

Les tissus qui composent nos divers organes s'usent sans cesse et ont besoin, par suite, d'une réparation continuelle.

Ce sont les aliments qui fournissent les matériaux nécessaires à cette réparation ; mais ils doivent auparavant subir diverses transformations. Pour être transformés, les aliments sont soumis à des actes mécaniques, tels que : contractions musculaires de l'estomac, des intestins, du cœur, etc. ; aux actions chimiques de certains sucs, tels que la ptyaline de la salive, la pepsine du suc gastrique, la bile, le suc pancréatique, etc. ; enfin, à la combustion lente que leur fait subir l'oxygène de l'air que nous respirons.

Les contractions musculaires favorisent la nutrition, soit en opérant le mélange des matières, soit en les refoulant.

Les divers sucs agissent chimiquement sur les aliments et les transforment en matières assimilables, c'est-à-dire propres à faire partie de nos organes. Ces matières sont alors absorbées et entraînées dans la masse du sang : de là elles vont se déposer dans les divers tissus pour les réparer.

Chaque tissu organique retient telle ou telle matière et en fait sa propre substance · c'est ainsi que les nerfs sont formés de la substance nerveuse, les muscles de la substance musculaire, etc.

Enfin, la partie aqueuse des aliments s'en va par les parois minces des vaisseaux capillaires, par les poumons et par la peau, tandis que la sueur et l'urine débarrassent le sang des matériaux nuisibles ou inutiles.

Voici la marche des aliments pendant la nutrition :

Nous les mettons dans la bouche ; les dents divisent les aliments solides ; les glandes salivaires (granulations situées sous la langue et sur les côtés intérieurs des joues), les humectent de leur liquide ; la langue les gâche pour les mêler, les réunit en boule, et, en se relevant, les pousse dans l'arrière-bouche ou pharynx. Celui-ci se contracte et les fait entrer dans l'œsophage, qui les conduit dans l'estomac, espèce de poche en forme de cornemuse, de deux litres de capacité environ. Là, ils se mélangent avec un liquide appelé suc gastrique. Ce suc, produit par l'estomac, les transforme en une bouillie grisâtre appelée chyme. Le chyme passe dans l'intestin grêle, où la bile sécrétée par le foie et le suc pancréatique fourni par le pancréas (*fig.* 122), viennent se mélanger et le transforment en une matière laiteuse ou jaunâtre appelée chyle. Le chyle est absorbé, dans l'intestin grêle, par une multitude de petits vaisseaux chylifères, et mélangé ensuite avec le sang. La partie des aliments qui n'a pas été transformée en chyle continue sa marche, passe dans le gros intestin, et est enfin rejetée par l'anus, sous forme d'excréments.

Classification des aliments

L'oxygène de l'air que nous respirons brûle le carbone contenu dans le sang. Cette combustion maintient la chaleur de notre corps et produit de l'acide carbonique que nous rejetons.

D'un autre côté, nous avons vu qu'il faut réparer nos muscles, qui s'usent constamment. Nous avons donc besoin de deux sortes d'aliments : les uns pour entretenir la chaleur de notre corps, les autres pour réparer l'usure de nos organes, surtout des muscles.

Les aliments qui entretiennent la chaleur du corps portent le nom d'aliments combustibles ou respiratoires, ou féculents ; les autres s'appellent aliments réparateurs, ou plastiques, ou azotés.

Parmi les aliments combustibles, nous pouvons citer : la fécule, substance blanche que l'on extrait de la pomme de terre, du maïs, du tapioca, etc.; l'amidon, qui est la fécule du blé et des céréales en général : le sucre, le miel, les confitures, les légumes secs et les corps gras.

Ces aliments ne se fixent pas dans les tissus ; ils circulent sans cesse dans le sang, et ils sont soumis, dans les vaisseaux capillaires, à l'action de l'oxygène de l'air, qui les brûle et les convertit peu à peu en acide carbonique et en vapeur d'eau, que nous rejetons par la bouche et par la peau.

Comme aliments réparateurs, nous pouvons comprendre les matières azotées, qui contiennent de l'albumine, de la caséine (ou caséum), de la fibrine (fibres de la viande), de la gélatine, du gluten, etc. Ceux-là se fixent dans les tissus pour en réparer l'usure. Dans le nombre des aliments plastiques, il faut surtout citer la viande et le sang.

Enfin, à ces deux sortes d'aliments, nous pouvons ajouter les substances minérales telles que l'eau, le sel marin, les phosphates, les carbonates, etc.

D'après ce qui précède, il est facile de comprendre que, si une personne ne se nourrissait, par exemple, que d'aliments respiratoires, elle ne tarderait pas à maigrir, parce que, les matières azotées faisant défaut, la nutrition se ferait aux dépens du corps lui-même.

Il est donc nécessaire de faire choix d'aliments qui contiennent les uns et les autres de ces matières.

Le lait est un aliment type, parce qu'il renferme tous les principes nécessaires à la vie : les œufs ont à peu près la même composition. On dit que le lait et les œufs sont des aliments complets.

Le pain seul, surtout le pain qui provient d'un blé tendre, donnerait trop de carbone et pas assez d'azote.

La viande, au contraire, donnerait trop d'azote et pas assez de carbone.

Le riz, les pommes de terre, les légumineuses (haricots, pois, lentilles), contiennent de l'azote en proportions variables : les légumineuses en contiennent plus que le riz, et celui-ci plus que les pommes de terre.

On peut conclure de tout cela que, pour avoir une nourriture complète, il faut des aliments mixtes : pain, viande, légumes, riz ou pommes de terre.

On a calculé qu'il faut pour un homme, et par jour, environ 300 gr. de carbone, 20 gr. d'azote et quelques matières minérales. Ces proportions équivalent à 1 kil. de pain, 150 gr. de viande, 250 gr. de légumes et de un à deux litres de boisson.

Naturellement, comme l'exercice du corps use les muscles, les aliments azotés conviennent surtout aux personnes qui fatiguent.

RÉSUMÉ

La digestion a pour objet d'extraire des aliments tout ce qui peut servir au développement et à l'entretien de notre corps.

Le canal digestif comprend la bouche, le pharynx, l'œsophage, l'estomac, l'intestin grêle et le gros intestin.

Les aliments fournissent les matériaux nécessaires à l'entretien de nos organes et à la production de la chaleur de notre corps.

Ce n'est pas ce qu'on mange qui nourrit, mais bien ce qu'on digère.

Les dents sont formées d'un corps dur appelé ivoire, recouvert en partie d'une couche d'émail. Nous avons 32 dents : 8 incisives, 4 canines, 20 molaires.

La nutrition est une fonction par laquelle toute substance organisée vit, se maintient, s'accroît et se développe.

Pour être transformés, les aliments sont soumis à des actes mécaniques, à des actes chimiques et à une combustion lente.

Chaque tissu organique retient telle ou telle matière et en fait sa propre substance.

La partie aqueuse des aliments s'en va par les poumons et par la peau, tandis que la sueur et l'urine débarrassent le sang des matériaux nuisibles ou inutiles.

Les aliments sont transformés en chyme dans l'estomac et en chyle dans les intestins.

Nous avons besoin de deux sortes d'aliments : 1° les aliments combustibles ; 2° les aliments réparateurs.

Le lait et les œufs sont des aliments complets.

Pour avoir une nourriture complète, il faut des aliments mixtes.

DEVOIRS

1° Vous rendez compte à un de vos amis d'une leçon faite sur la digestion.

2° Les dents. — Leur composition. — Leur nombre. — Dents diverses et fonctions qu'elles remplissent.

3° Parler de la nutrition et des transformations que subissent les aliments.

4° Indiquez la marche des aliments pendant la nutrition.

5° Classification des aliments. — Aliments combustibles et aliments réparateurs. — Aliments complets. — Aliments mixtes.

AGRICULTURE

Alimentation du bétail

L'alimentation du bétail a une grande importance. Il suffit, en effet, que cette alimentation soit défectueuse ou insuffisante pour que les animaux domestiques ne donnent pas le travail ou le lait, ou même le fumier que l'on peut en attendre.

Les animaux ont besoin, comme l'homme, d'aliments respiratoires ou féculents ou carbonés pour entretenir la chaleur de leur corps, ou d'aliments plastiques, ou réparateurs, ou azotés, pour réparer l'usure des muscles.

Il faut donc donner au bétail des aliments

mixtes, c'est-à-dire des aliments respiratoires et des aliments plastiques.

Les aliments plastiques ou azotés se trouvent dans l'albumine, la caséine et la fibrine que contiennent les végétaux. Les aliments respiratoires sont surtout fournis par les matières féculentes, sucrées ou grasses.

Parmi les aliments qui renferment peu de matières azotées, on peut citer les pailles diverses, les racines ou leurs pulpes. Ces aliments peuvent convenir aux bœufs et aux moutons. Les autres animaux domestiques ont besoin d'aliments un peu plus riches en azote, tels que le foin des prairies, de luzerne, de lentilles, etc.

Mais, si l'on veut engraisser les animaux domestiques, ou en obtenir le plus de travail ou de lait possible, il faut ajouter à cette nourriture des aliments très riches en azote, tels que : les tourteaux divers, les vesces, les fèves, le maïs, les lentilles, l'avoine, les farines, etc.

Il faut environ 1 kilogr. de matières azotées pour faire équilibre à 5 kilogr. 4 de matières féculentes et grasses : les matières grasses doivent former la plus petite portion, puisqu'il suffit d'une partie de matières grasses pour trois parties de matières azotées.

Rations alimentaires

Pour nourrir convenablement et économiquement les animaux, il est bon de rationner les bestiaux, c'est-à-dire de déterminer à l'avance le poids de la nourriture qui leur sera donnée tous les jours.

On appelle ration la quantité d'aliments que l'on donne à un animal dans 24 heures.

On distingue deux sortes de rations : celle que l'on donne aux animaux pour les entretenir seulement, et celle qui leur est donnée quand il s'agit de les engraisser ou de leur faire produire du travail ou du lait.

On a reconnu que, pour la ration d'entretien, il faut, par 100 kilogr. du poids de l'animal vivant, près de 2 kilogr. de foin de prairie naturelle, ou l'équivalent d'autres matières alimentaires.

Ex. : Quelle ration faudra-t-il pour un cheval pesant 650 kilogr. ?

R. : Il faudra $\dfrac{2 \times 650}{100} = 13$ kilogr. de foin de prairie naturelle ou son équivalent d'autres matières alimentaires.

Cette ration sera double s'il s'agit d'animaux qui travaillent ou qui produisent du lait.

Enfin, il faut tenir compte de la taille et de l'âge des animaux : plus ils sont petits et jeunes, plus les rations doivent être proportionnellement fortes. C'est ainsi que la ration d'entretien sera de 2 kilogr. 5 pour un jeune cheval, de 3 kilogr. pour un mouton, de 8 kil. pour un lapin, de 12 kilogr. pour une poule, par 100 kilogr. de poids de l'animal vivant.

Pour rationner les animaux, il faut se baser sur les équivalents nutritifs, c'est-à-dire sur les différences qui existent au point de vue de la nutrition entre les divers aliments donnés aux animaux.

Liste des équivalents nutritifs des substances les plus en usage pour la nourriture des bestiaux, le foin des prairies étant pris pour type.

Pour faire équilibre à 1 kilogr. de foin de prairie naturelle, il faut :

0 k. 280 gr. de tourteaux d'arachide décortiqué.

0 k. 330 gr. de tourteaux d'olives, pulpe de ressence ou de sésame.

0 k. 360 gr. de tourteaux de lin.

0 k. 370 gr. de tourteaux de pavot (œillette).

0 k. 400 gr. de tourteaux de colza.

0 k. 420 gr. de tourteaux d'arachide non décortiqué.

0 k. 460 gr. de grains de féveroles, pois. lentilles.

0 k. 500 gr. de grains de blé, de maïs.

0 k. 570 gr. de grains d'avoine.

0 k. 590 gr. de grains de seigle.

0 k. 650 gr. de son de froment.

0 k. 660 gr. de graines d'orge.

0 k. 700 gr. de tourteaux d'olives (grignon).

0 k. 720 gr. de caroubes sèches.

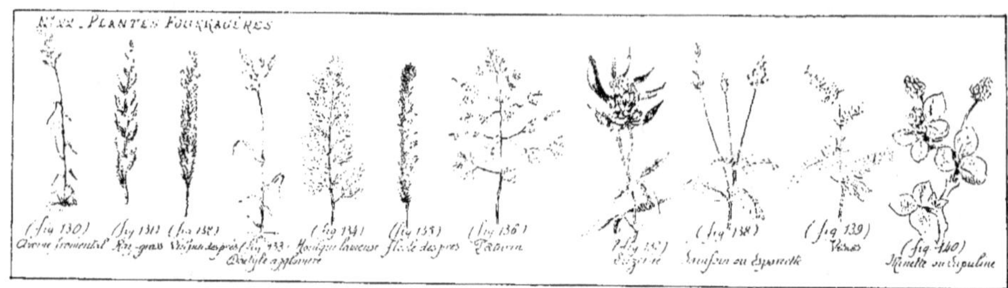

0 k. 800 gr. de feuilles sèches cueillies à l'état
vert.

0 k. 820 gr. de regain de pré.

0 k. 870 gr. de foin de luzerne ou de sainfoin
en fleur.

0 k. 910 gr. de foin de trèfle ordinaire ou de
trèfle incarnat.

1 k. 020 gr. de foin de roseau de marais avant
fleur.

1 k. 050 gr. de marc de raisins frais.

1 k. 500 gr. de feuilles fraîches de vigne,
d'orme, de peuplier, de mûrier,
de chêne, de frêne, de tilleul.

1 k. 600 gr. de paille d'avoine, de maïs ou de
colza.

1 k. 740 gr. de paille d'orge d'hiver.

1 k. 760 gr. de paille de froment d'hiver.

2 k. 010 gr. de paille de seigle.

2 k. 220 gr. de sarments de vigne frais.

2 k. 410 gr. de pommes de terre.

2 k. 770 gr. d'herbe de pré prête à fleurir.

2 k. 900 gr. de tubercules de topinambour.

3 k. 060 gr. de roseau de marais avant fleur.

3 k. 200 gr. de seigle vert.

3 k. 600 gr. de navets.

3 k. 700 gr. d'esparcette en fleur.

3 k. 720 gr. de fourrage de vesce en fleur.

3 k. 770 gr. de maïs fourrage ensilé.

4 k. 340 gr. de carottes.

4 k. 790 gr. de féveroles fleurissant.

4 k. 840 gr. de betteraves fourragères.

Avec cette liste, il est facile d'opérer des substitutions d'aliments dans une ration : il suffit de déterminer à quel poids de foin de pré correspond le poids de l'aliment que l'on supprime.

Ex. : Nous avons vu qu'un cheval pesant 650 kilogr. doit avoir une ration de 13 kilogr. de foin de prairie naturelle ou son équivalent en d'autres matières. On veut faire une ration se composant de 5 kilogr. de foin, 2 kilogr. d'avoine et le reste de paille de froment. Quelle quantité de paille faudra-t-il ?

SOLUTION

L'avoine et la paille doivent fournir les 8 kil. de foin qui manquent pour que la ration soit complète.

L'avoine ayant pour équivalent 0 k. 570, les 2 kil. d'avoine vaudront $\dfrac{2}{0{,}570} = 3$ k. 500 gr. de foin.

La paille de froment doit donc remplacer 8 k. — 3 k. 500 = 4 k. 500 gr. de foin. Son équivalent étant 1 k. 760, il en faudra $1{,}760 \times 4{,}500 = 7$ k. 920 gr. La ration sera donc ainsi composée :

5 kilogr. de foin de prairie naturelle.

2 kilogr. d'avoine.

7 k. 920 gr. de paille de froment.

Fourrages. racines, avoine, tourteaux, paille, son.

Fourrages. — On appelle plantes fourragères les plantes des prairies naturelles ou artificielles servant à la nourriture des bestiaux.

Les prairies naturelles sont des terres saines, situées dans les vallées ou le long des cours d'eau et couvertes d'herbes qui subsistent pour ainsi dire indéfiniment. Les principales sont : l'avoine fromental (*fig.* 130), le ray-grass (*fig.* 131), le vulpin des prés (*fig.* 132), le dactyle aggloméré (*fig.* 133), la houlque laineuse (*fig.* 134), la fléole des prés (*fig.* 135), le pâturin (*fig.* 136).

Les prairies artificielles sont des champs labourés, dans lesquels on sème des plantes fourragères devant durer une ou plusieurs années. Les principales sont : la luzerne (*fig.* 137), le sainfoin ou esparcette (*fig.* 138), les trèfles, les vesces (*fig.* 139), la minette ou lupuline (*fig.* 140).

Les foins des prairies naturelles sont moins riches en azote que les foins des prairies artificielles. On peut donc les donner, sans les mélanger, aux animaux domestiques qui travaillent ou qui produisent du lait.

Les foins des prairies artificielles qui sont, au contraire, riches en azote, doivent être mélangés avec les pailles qui renferment peu de matières azotées.

Racines. — On appelle racines fourragères les racines ou les tubercules que l'on donne aux animaux. Les principales sont : la pomme de terre (*fig.* 141), le topinambour (*fig.* 142), la carotte blanche (*fig.* 143), le navet ou turneps (*fig.* 144), le chou-navet (*fig.* 145), le rutabaga (*fig.* 146), le panais (*fig.* 147). On sème toutes ces racines au printemps.

Avoine. — L'avoine (*fig.* 148) est une céréale très importante. Son grain, disposé en grappe, sert presque exclusivement à la nourriture des chevaux et à celle de la volaille. On en donne aussi aux moutons dans les bergeries.

La paille est mangée par les bêtes à cornes.

Tourteaux. — Les tourteaux sont les résidus provenant des graines oléagineuses après qu'on en a extrait l'huile.

On distingue les tourteaux d'arachide, d'olives, de lin, de pavot ou œillette, de colza.

Le tableau des équivalents nous a montré que les tourteaux sont riches en azote ; aussi, faut-il les mélanger avec les pailles, les balles, les pulpes et les racines qui sont des aliments pauvres en azote.

Les tourteaux conviennent plutôt aux bœufs qu'aux chevaux.

Certains tourteaux sont utilisés comme engrais ; on les répand en poudre grossière avant les semailles.

Paille. — La paille est le chaume desséché des graminées quand on en a retiré les grains de l'épi.

On distingue la paille de froment, de seigle, d'orge, d'avoine, etc.

Ces différentes pailles sont utilisées, soit comme litière, soit comme aliment pour les animaux domestiques.

La paille de froment mérite une préférence marquée sur toutes les autres espèces ; celle du seigle lui est inférieure comme nourriture ; elle convient surtout à la couverture, à la litière : on l'emploie encore pour la confection des ruches, des chaises, des vases à mettre les grains, des paillassons.

La paille d'orge, excellente comme nourriture des bestiaux, n'est guère employée comme litière, parce qu'elle se brise facilement et ne fournit que très peu de fumier.

Les animaux mangent avec plaisir la paille d'avoine, qui ne vaut presque rien comme litière.

Son. — Le son est l'épiderme des céréales, séparé par la mouture.

Le plus gros son est généralement employé à la nourriture des chevaux ; le moins gros, à l'engraissement des volailles et des cochons, et le plus fin est réservé à la nourriture des vaches.

Il est préférable de mouiller le son avant de le donner aux animaux, parce qu'il devient plus facile à digérer et, par conséquent, plus nourrissant.

On donne aux animaux malades l'eau dans laquelle on a fait infuser le son et qui s'est chargée de la plus grande partie de la farine : le son lui-même ne les nourrirait pas davantage et troublerait leur digestion.

RÉSUMÉ

Les animaux ont besoin, comme l'homme, d'aliments respiratoires et d'aliments réparateurs.

Les pailles diverses, les racines ou leurs pulpes renferment peu de matières azotées et conviennent aux bœufs et aux moutons ; les foins des prairies, de luzerne, de vesces, etc., sont plus riches en azote et conviennent aux autres animaux domestiques ; les tourteaux divers, les vesces, les fèves, le maïs, les lentilles.

l'avoine, les farines, etc., sont très riches en azote et propres à l'engraissement et à la production de travail ou de lait.

Il faut environ 1 kilogr. de matières azotées pour faire équilibre à 5 kilogr. 4 de matières féculentes ou grasses.

Il est bon de rationner les bestiaux.

On distingue la ration d'entretien et la ration d'engraissement, de production de travail ou de lait.

On a reconnu que pour la ration d'entretien il faut, par 100 kilogr. de poids de l'animal vivant, près de 2 kilogr. de foin de prairie naturelle ou l'équivalent d'autres matières alimentaires.

Pour rationner les animaux, il faut se baser sur les équivalents nutritifs.

Il y a des prairies naturelles et des prairies artificielles.

Les foins des prairies naturelles sont moins riches en azote que les foins des prairies artificielles.

On appelle racines fourragères les racines ou tubercules que l'on donne aux animaux.

L'avoine est une céréale très importante.

Les tourteaux sont les résidus provenant des graines oléagineuses après qu'on en a extrait l'huile.

La paille est le chaume desséché des graminées quand on en a retiré les grains de l'épi.

Le son est l'épiderme des céréales séparé par la mouture.

DEVOIRS

1° Parler de l'alimentation du bétail. — Des aliments à donner aux bestiaux pour leur entretien et pour l'engraissement, la production de travail ou de lait.

2° Dites ce que vous savez sur les prairies naturelles et sur les prairies artificielles.

3° Dire quelques mots sur l'avoine, les tourteaux, la paille, le son.

HYGIÈNE

Choix et préparation des aliments

Pour se bien porter, il ne suffit pas de manger à sa faim et de boire à sa soif : il faut encore savoir choisir les aliments et les prendre en quantité suffisante pour réparer exactement l'usure que notre corps subit sans cesse.

Nous avons déjà vu que pour fournir au corps tous les éléments nécessaires à son entretien, il faut, autant que possible, absorber à chaque repas des aliments azotés, des aliments féculents, de la graisse, ainsi que des végétaux frais, tels que : légumes verts, salades, fruits.

Il faut donc varier notre nourriture. D'ailleurs, on se lasse vite de manger trop souvent les mêmes aliments.

Pour avoir une nourriture saine et agréable, il est nécessaire que les aliments, tels que : viande, poisson, œufs, légumes, fruits, etc., soient frais, de bonne qualité et bien préparés.

Les aliments qui ne sont pas frais, c'est-à-dire qui subissent un commencement de décomposition, sont de véritables poisons, qui peuvent causer des accidents très graves.

Les denrées de mauvaise qualité, falsifiées ou avariées, sont toujours nuisibles à la santé.

Les mets mal préparés sont, non seulement désagréables au goût, mais encore ils se digèrent difficilement et peuvent occasionner des désordres dans l'estomac ou dans les intestins.

Enfin, il faut, autant que possible, ne pas acheter les aliments tout cuits, et éviter de se nourrir de charcuterie. Les aliments vendus cuits coûtent cher et sont généralement moins bien préparés et de qualité inférieure.

Quant à la charcuterie, elle se digère mal, irrite l'estomac. et est très malsaine si on ne la mange pas fraîche et bien cuite.

En effet, dit M. Pavette, « le porc est sujet à » une maladie causée par des milliers de petits » vers appelés trichines, qui rongent sa chair ; » ils peuvent également dévorer celle de l'hom- » me et le faire mourir après des souffrances » atroces. C'est pourquoi le jambon, la char- » cuterie et toute viande de porc doivent être » soumis à une cuisson suffisante pour tuer les » trichines. D'une manière générale, la cuisson » purifie, assainit les aliments et nous préserve » de l'absorption de certains animaux parasites » vivants, surtout de ceux qu'on nomme *vers* » *intestinaux*, dont la présence occasionne des » maladies. »

Le porc peut également être ladre. Sa viande renferme alors de petits vers (helminthes) qu'on appelle cisticerques. Quand ces animalcules sont introduits dans le tube digestif de l'homme, ils changent de vie, prennent une forme nouvelle et constituent ce qu'on appelle le ver solitaire. Chez l'homme, le ver solitaire s'allonge dans le tube digestif, contre les parois duquel il se colle. Il peut atteindre plus de dix mètres. De temps en temps, certains de ces animaux sont expulsés dans les excréments ; et on sait qu'à la campagne les excréments ne sont pas toujours recueillis dans des fosses d'aisances. Les jeunes porcs qu'on laisse en liberté, et qui ne choisissent pas leur nourriture, peuvent ainsi absorber des anneaux de tœnia. Dans leur corps, ces anneaux se changent en cisticerques.

C'est ainsi que se perpétue la cause de la maladie. Pour l'éviter, il faut veiller à la nourriture des jeunes porcs, et surtout établir l'usage, si utile en agriculture, des fosses d'aisances.

La viande de porc atteinte de ladrerie ne peut être mangée sans danger que si elle a subi une cuisson prolongée.

Nous allons indiquer la manière de bien préparer les deux potages gras que l'on mange habituellement : mettre la viande, mouton ou bœuf, dans la marmite sur un bon feu, avec quatre fois son poids d'eau. (Il faut environ cent grammes de viande par personne) ; ajouter le sel ; enlever l'écume à mesure qu'elle monte.

Quand il n'y a plus d'écume, on ajoute quelques carottes, poireaux, navets, un peu de céleri, un oignon et une pomme de terre. Veiller à ce que l'ébullition ne soit pas violente, parce que la marmite pourrait déverser et la soupe ne serait pas bonne. Au bout de quatre heures de cuisson régulière, la soupe est prête. On peut colorer le bouillon, soit avec un peu de caramel, soit avec la moitié d'une boule colorante que vendent les épiciers.

Il ne reste plus qu'à verser, à travers une passoire fine, le bouillon en ébullition, dans la soupière où l'on a d'avance coupé du pain en tranches minces. On couvre, et, cinq minutes après, la soupe peut être mangée.

Parfois on emploie, au lieu de tranches de pain, du riz, du tapioca, du vermicelle, des pâtes d'Italie, de la semoule. Voici les préparations :

Riz. — Après l'avoir bien débarrassé de ses impuretés, on le fait blanchir, en le jetant dans l'eau bouillante pendant cinq minutes. On le laisse ensuite égoutter, et on le met dans le bouillon qui bout dans une casserole sur un réchaud. On laisse cuire pendant près d'une heure, à petit feu. Il faut environ douze grammes de riz par personne.

Tapioca. — On met le bouillon dans une casserole sur un réchaud. Quand le bouillon est en ébullition, on y met le tapioca (environ une cuillerée à bouche par personne), on remue avec une cuiller pour éviter les grumeaux : au bout d'un quart d'heure, on peut servir.

Le vermicelle, les pâtes d'Italie, la semoule se préparent de la même manière : cette dernière demande cependant un peu plus de cuisson, environ une demi-heure.

Voici une soupe grasse très nourrissante et en même temps très économique : éplucher un chou frisé, le bien laver et le faire blanchir pendant dix minutes dans l'eau bouillante. Après l'avoir égoutté, on le jette avec une carotte, un oignon, une pomme de terre, dans la marmite qui contient, au lieu de mouton ou de bœuf, du lard ou du petit-salé. Il est inutile d'ajouter du sel. Après trois heures de cuisson, le bouillon est prêt à être versé dans la soupière contenant du pain coupé en tranches minces.

Régularité des repas

Pour se bien porter, il faut faire de l'exercice, manger et boire sobrement et à des heures fixes.

Celui qui n'est pas réglé dans ses repas fatigue son estomac et a souvent des indigestions. En effet, si l'on absorbe de nouveaux aliments avant d'avoir digéré ceux que l'on a pris au repas précédent, on trouble l'estomac dans l'exercice de ses fonctions, et bientôt il ne peut plus les accomplir régulièrement.

Il ne faut pas attendre d'être repu pour quitter la table ; lorsque l'estomac est trop chargé de nourriture, il refuse de digérer ; d'ailleurs, la santé ne dépend pas de la quantité d'aliments que l'on prend, mais bien de celle que l'on digère.

Il faut manger de tous les aliments que nos parents nous donnent : c'est le moyen d'avoir un bon estomac, et, par suite, une bonne santé. Ceux qui font les délicats ne sont généralement pas bien portants.

D'habitude, on fait trois repas par jour. Le premier repas se prend le matin. Pour les personnes qui font un travail pénible et pour les enfants, il devrait se composer d'une bonne soupe et d'un morceau de fromage que l'on mangerait avec du pain. Les autres se contentent le plus souvent d'un peu de chocolat ou d'une petite soupe au lait.

Le second repas a lieu vers midi. Ce repas doit être le plus substantiel, parce que la digestion a le temps de s'accomplir.

Le repas du soir doit être frugal, attendu que le travail de la digestion n'aurait pas le temps de s'effectuer avant le coucher, et il pourrait en résulter une indigestion.

Enfin, il faut éviter soigneusement tout exercice violent au sortir de table, et il est prudent de s'abstenir de manger ou de boire entre les repas.

Boissons

Les boissons ont surtout pour but de remplacer dans l'organisme la quantité de liquide qui a été entraînée hors du corps, par la sueur, l'exhalation pulmonaire et l'urine.

Les principales boissons à notre usage sont : l'eau, le vin, la bière, le cidre, le poiré, le café, le thé.

L'eau. — L'eau pure est la meilleure et la plus essentielle des boissons. Elle est nécessaire à notre existence, au même titre que l'air, la lumière et la chaleur.

Pour être potable, c'est-à-dire bonne à boire, l'eau ne doit avoir ni goût, ni odeur ; elle doit dissoudre le savon et cuire les légumes.

Si l'on buvait de l'eau malsaine, on avalerait des milliers de microbes qui pourraient déterminer de très graves maladies. On évite cet inconvénient en filtrant l'eau ou en la faisant bouillir pendant quinze minutes. Dans ce dernier cas, on ne doit boire l'eau que quand elle est refroidie et aérée.

Le vin. — Le vin, cette liqueur vermeille tant chantée par les poètes et nos aïeux, pris modérément est une boisson aussi saine que fortifiante. Nous voulons parler ici du vin naturel obtenu par la fermentation du raisin. Malheureusement, depuis quelques années, des industriels peu scrupuleux, se faisant un jeu de la santé publique, ne craignent pas de fabriquer des vins artificiels avec toutes sortes de matières et d'alcools frelatés. Ces vins-là sont malsains et portent un préjudice énorme, non seulement aux intérêts des viticulteurs, mais encore et surtout à la santé des personnes qui les boivent.

On distingue le vin rouge, produit par la fermentation du raisin au contact du marc, et le vin blanc, produit par la fermentation du jus de raisin seulement. Quand on empêche ce jus de fermenter, on obtient le vin blanc doux, tandis que le premier porte le nom de vin blanc sec.

Il existe un grand nombre de variétés de vins rouges et blancs, variétés dues aux terroirs qui les produisent ainsi qu'à la manière de les préparer. On ne doit jamais laisser les enfants boire du vin pur, à cause de l'alcool qu'il renferme. Les grandes personnes feront même bien de ne boire que du vin additionné d'un tiers d'eau environ.

La bière. — La bière, quand elle n'est pas falsifiée, est une boisson très nutritive. On l'obtient en brassant d'abord dans de l'eau chaude des grains d'orge germée, puis en faisant bouillir le liquide auquel on ajoute du houblon pour lui donner son arome, enfin, en laissant fermenter ce liquide, après refroidissement, au moyen de la levure de bière.

Le cidre. — Le cidre est une boisson fermentée préparée avec des pommes. On le fabrique de la manière suivante : on broie les pommes, on ajoute un peu d'eau et on met le tout au pressoir. Le liquide qui coule est mis dans des fûts, et on le soigne à peu près comme le vin blanc.

Le poiré. — Le poiré est obtenu avec les poires, de la même manière que le cidre avec les pommes.

Le café et le thé. — Le café et le thé pris après les repas sont des boissons agréables et stimulantes.

Si nous nous contentions de ces boissons, toutes hygiéniques, la santé publique ne courrait aucun risque ; malheureusement, aujourd'hui, beaucoup de personnes font un usage immodéré des boissons très alcooliques, qui produisent les plus graves désordres dans l'organisme. Nous pouvons citer : 1° les alcools divers tels que : l'eau-de-vie de consommation, produit de la distillation du vin ou du marc de raisin ; le cognac, eau-de-vie provenant des vins des environs de Cognac : le kirsch, produit de la distillation du jus fermenté des fruits à noyau ; le rhum, produit de la distillation de la mélasse, de canne à sucre fermentée, et diverses liqueurs fortes (apéritifs, amers, absinthes, etc.), préparées très souvent avec de mauvais alcools d'industrie, ayant tous une terrible nocivité.

L'abus du tabac

Le tabac, comme l'alcool, nuit à la santé, engendre des maladies et cause une perte de temps et d'argent. Il contient un poison tellement violent, la nicotine, qu'une seule goutte suffit pour tuer un chien.

L'abus du tabac cause des ravages sur toutes nos facultés. Peu à peu l'intelligence devient faible, l'esprit s'alourdit et la mémoire disparaît. On cite, à ce sujet, un fumeur qui ne sut pas dire son nom aux employés de la Poste où il allait toucher un mandat.

Les bouffées de tabac sont mauvaises, amères et parfois nauséabondes. Elles produisent sur celui qui n'y est pas habitué l'effet d'un empoisonnement (*fig.* 150) ; l'estomac qui le reçoit ne tarde pas à mal fonctionner.

Celui qui fume beaucoup est presque toujours obligé de cracher beaucoup. Cela l'épuise, il manque d'appétit, digère mal, maigrit peu à peu (*fig.* 151) et meurt souvent jeune.

La malpropreté est généralement la compagne obligée du fumeur endurci : son haleine est mauvaise, son corps et ses vêtements exhalent une odeur forte, ses dents noircissent et tombent.

Il devient presque toujours apathique, paresseux ; il laisse de côté les affaires sérieuses, ne s'instruit guère et recherche plutôt le café ou le cabaret que les bons livres (*fig.* 152) ; de là, la misère pour lui et pour sa famille : il est conduit peu à peu à l'abrutissement (*fig.* 153) et quelquefois à la folie.

L'abus des liqueurs fortes

L'usage de l'alcool et des liqueurs fortes est on ne peut plus dangereux : 1° pour la santé de l'individu ; 2° pour sa moralité ; 3° pour l'existence et le bonheur de sa famille ; 4° pour la Société.

1° Les ouvriers qui ont la funeste habitude de prendre, le matin, à jeun, un petit verre d'eau-de-vie (*fig.* 154), sous prétexte de tuer le ver, se tuent eux-mêmes, peu à peu, car leur estomac, alors vide de nourriture, est irrité et détérioré par l'alcool. Ils feraient bien mieux de manger une bonne soupe (*fig.* 155), ou de prendre seulement une tasse de café ou de lait.

L'alcool occasionne des ravages terribles : l'alcoolisé mange très peu, perd ses forces (*fig.* 156) ; sa mémoire devient faible, sa voix rauque : des tremblements nerveux agitent tous ses membres : ses traits s'altèrent, il perd le goût du travail (*fig.* 157), se fait chasser de l'atelier (*fig.* 158). Souvent il devient fou ou idiot. Chez lui, une simple indisposition se change en une grave maladie ; une légère blessure devient très dangereuse : et, si une épidémie éclate, il est le premier atteint, car ses organes, brûlés par l'alcool, ne peuvent plus résister au mal.

2° Celui qui boit avec excès de l'eau-de-vie ou des liqueurs fortes, perd l'intelligence et la raison et devient semblable à la brute. Voyez un ivrogne dans les rues : sa figure est repoussante, ses pas sont chancelants, sa tête branle, ses yeux sont hébétés, ses mains tremblent :

il prononce d'une voix traînante des paroles qui n'ont aucun sens.

3° Ce n'est pas tout : incapable de se traîner, il se vautre et puis s'endort dans la poussière ou dans la boue (*fig.* 159). D'autres fois, l'ivrogne, agissant sous l'empire de l'alcool, maltraite sa femme et ses enfants (*fig.* 160), commet même des crimes. Il déshonore ainsi sa malheureuse famille, tombe entre les mains de la justice et expie dans les prisons (*fig.* 161), sa funeste habitude de boire avec excès. Toujours il meurt jeune (*fig.* 162).

L'alcoolique s'empoisonne peu à peu ; et, pour comble de malheur, il transmet à ses enfants les germes de sa terrible maladie.

En résumé, on peut dire que l'ivrogne ne tarde pas à devenir alcoolique. Ce vice dégradant ruine la santé, entraîne l'homme au crime, au suicide ou à la folie, et le frappe même dans ses enfants ; car, généralement, tous portent l'empreinte de l'hérédité (*fig.* 163).

Sobriété et tempérance

La tempérance a pour but d'user modérément des plaisirs des sens, et de réprimer les passions contraires au respect de soi-même et de ses semblables.

La sobriété n'est autre chose que la tempérance dans la nourriture et la boisson.

L'homme a des besoins nécessaires ou utiles à la vie. Ces besoins doivent être satisfaits ; mais il ne doit point s'en créer de nouveaux dans un but de plaisir, sous peine de tomber dans la sensualité, et par suite dans l'intempérance. Or, l'intempérance conduit l'homme aux excès de toues sortes, affaiblit son corps, alourdit son esprit, tue son intelligence et lui ôte toute volonté : il n'est bientôt plus que l'esclave de ses passions, exposé à toutes les misères et à toutes les souffrances. Au contraire, l'homme sobre et tempérant n'a que des désirs très limités ; n'étant pas l'esclave de ses sens, il peut se passer sans peine de bien des choses. Il sup-

porte plus facilement les revers de fortune ou
les contrariétés. Jouissant toujours d'une santé
florissante, grâce à sa manière de vivre, il ré-
siste aux grandes fatigues et aux privations les
plus dures. Il ne connaît ni souffrance, ni lassitude ; il est toujours de belle humeur et toujours vaillant.

Il vit heureux et tranquille, subvenant sans
difficulté aux besoins de sa famille. Plus tard,
sa verte et robuste vieillesse lui permet de prolonger son existence et de jouir en paix du
fruit de son travail et de sa tempérance.

Indigestions

Les indigestions sont plus fréquentes chez les
enfants que chez les grandes personnes. Cela
tient à ce que beaucoup d'enfants sont gour-
mands et qu'ils mangent gloutonnement pour
satisfaire leur passion. Il s'ensuit presque toujours des indigestions terribles ; le visage
devient pâle, crispé ; une sueur froide couvre
tout le corps ; des coliques violentes torturent
le malade.

On s'expose aussi à des indigestions en mangeant trop vite ; en ne mâchant pas assez les
aliments ; en absorbant trop de liquide ou de
nourriture indigeste ; en prenant après le repas
des liqueurs fortes, qui troublent la digestion ;
en se livrant à des exercices violents tout de
suite après le repas ; en mangeant dans l'intervalle des repas, c'est-à-dire quand l'estomac est
en plein travail.

Voici les soins à donner en cas d'indigestion :
Tenir le malade bien chaud, au lit ; lui faire
prendre des infusions de tilleul, de camomille,
de thé ; ne lui laisser prendre que peu de
nourriture dans la journée.

RÉSUMÉ

Pour se bien porter, il faut savoir choisir les
aliments, en prendre suffisamment et varier
notre nourriture.

Pour avoir une nourriture saine et agréable,
il est nécessaire que les aliments soient frais,
de bonne qualité et bien préparés.

Il faut éviter d'acheter des aliments tout cuits
et de se nourrir de charcuterie.

Dans les potages gras, il faut veiller à ce que
la marmite ne déverse pas.

La régularité des repas est nécessaire pour
se bien porter.

Le repas de midi doit être le plus substantiel.

Il faut éviter tout exercice violent au sortir
de table.

Les principales boissons à notre usage sont :
l'eau, le vin, la bière, le cidre, le poiré, le café,
le thé.

L'eau pure est la meilleure et la plus essentielle des boissons.

Le vin naturel, pris modérément, est une
boisson aussi saine que fortifiante.

La bière, quand elle n'est pas falsifiée, est
une boisson très nutritive.

Le cidre est une boisson fermentée préparée
avec des pommes, tandis que le poiré est pré-
paré avec des poires.

Le café et le thé, pris après les repas, sont des
boissons agréables et stimulantes.

L'usage des boissons alcooliques produit les
plus graves désordres dans l'organisme.

Le tabac, comme l'alcool, nuit à la santé,
engendre des maladies et cause une perte de
temps et d'argent. Il contient la nicotine, poison
violent, qui altère les facultés intellectuelles du
fumeur.

L'abus du tabac conduit souvent à l'abrutissement et quelquefois à la folie.

L'abus des liqueurs fortes nuit à la santé, au
bien-être et à la dignité de l'homme.

Le petit verre d'eau-de-vie que les ouvriers
prennent à jeun est toujours nuisible.

L'ivrogne descend au rang de la brute,
déshonore sa malheureuse famille et transmet
à ses enfants les germes de sa terrible maladie.

La sobriété n'est autre chose que la tempérance dans la nourriture et la boisson.

L'intempérance conduit l'homme aux excès
de toutes sortes et l'expose à toutes les misères,
à toutes les souffrances. La tempérance, au
contraire, procure la santé, le bonheur et prolonge l'existence.

Les indigestions sont surtout occasionnées
par la gourmandise ou la gloutonnerie.

DEVOIRS

1° Choix des aliments. — Conditions que doit
remplir une bonne nourriture. — Aliments
achetés cuits. — Charcuterie.

2° Dites ce que vous savez sur les boissons à notre usage.

3° Montrez les conséquences funestes de l'abus du tabac.

4° Montrez les conséquences désastreuses de l'abus des liqueurs fortes.

5° Montrez les avantages de la sobriété et de la tempérance.

Lectures sur l'alcoolisme et les abus du tabac

Le 2 août 1895, en transmettant à MM. les Préfets le rapport de la Commission chargée d'étudier les mesures à prendre pour combattre l'alcoolisme, M. Poincaré, Ministre de l'Instruction publique, ajoutait : « L'opinion publique se préoccupe des ravages causés par l'alcoolisme. De tous côtés, on recherche les mesures qu'il conviendrait de prendre pour combattre ce redoutable fléau. Dans des discussions récentes, la Chambre des Députés et l'Académie de Médecine ont signalé les progrès inquiétants de l'alcoolisme, dont les effets peuvent compromettre l'avenir de la race. »

Le long et substantiel travail de M. l'Inspecteur général Steeg, rapporteur de la Commission, ne pouvant trouver place ici, nous croyons bien faire d'y suppléer par quelques pages intéressantes et instructives des meilleurs ouvrages sur l'alcoolisme et l'abus du tabac.

Abus des boissons alcooliques. — Ce qui est par-dessus tout funeste à la santé, c'est l'abus du vin et, surtout, de l'eau-de-vie, qu'on devrait plutôt appeler l'eau-de-mort ; car, bien loin d'entretenir la vie, et encore moins de la prolonger, elle l'abrège et la rend même insupportable par le triste cortège de maladies qu'elle traîne avec elle. C'est principalement sur le cerveau qu'elle agit ; elle le détériore, en affaiblissant les plus belles facultés de l'intelligence : l'ivrognerie fait perdre la mémoire et la raison, abrutit l'homme et le dégrade au point de le faire descendre au-dessous des animaux.

L'alcool n'attaque pas seulement le cerveau ; il agit aussi sur l'estomac par son action irritante ; alors, celui-ci ne peut plus fonctionner ; la gastrite et les maladies de foie arrivent ; l'appétit n'existe plus, et le malheureux alcoolique, pour se donner une force passagère, absorbe des quantités de plus en plus considérables de mauvaise eau-de-vie qui l'empoisonne, l'abrutit et, finalement, le fait mourir prématurément, après lui avoir fait endurer toutes sortes de souffrances : il se figure être poursuivi par des ennemis imaginaires ; le délire de la persécution s'empare de lui et le pousse au suicide ou au crime.

(O. Pavette, Notions élémentaires de sciences. —
Belin frères, éditeurs).

L'alcoolisme

Tout le monde connaît les effets de l'alcoolisme aigu, l'état dans lequel il plonge celui qui y est en proie, les rixes qu'il amène ; les morts subites, les suicides, les crimes qu'il cause parfois ; mais les conséquences de l'alcoolisme chronique sont moins connues. Cette forme est plus fréquente qu'on ne le croit. parce qu'on ne la reconnaît pas toujours. Il est une foule d'alcooliques qui ne vont jamais jusqu'à l'ivresse complète, et qui parviennent à dissimuler leur vice à ceux qui les entourent.

Les médecins ne s'y trompent pas. Ils les reconnaissent à l'expression du visage et du regard, qui est étrange, comme hébété, à la coloration un peu plus marquée du nez et des pommettes, au tremblement tout particulier des mains. Quand ces phénomènes se manifestent, le malade a depuis longtemps perdu l'appétit et le sommeil. La dyspepsie (1) est déjà survenue et les troubles de l'intelligence et de la motilité (2) ne tardent pas à se produire. Ce sont d'abord des fourmillements aux extrémités, des crampes et, parfois, des douleurs assez vives. Puis, viennent les cauchemars. les rêves effrayants, auxquels succèdent bientôt les affreuses hallucinations du *delirium tremens*. Le

____

(1) Maladie de l'estomac.

(2) Faculté de se mouvoir.

malade, s'il appartient aux classes pauvres, vient alors s'échouer dans un hôpital ou dans un asile d'aliénés. Du reste, que ce soient les troubles de l'intelligence ou les désordres organiques qui l'amènent, c'est là qu'il doit fatalement finir ses jours.

Cela se comprend : que l'alcool s'introduise dans l'organisme par un usage régulier ou quotidien, ou que le buveur en prenne de temps en temps des quantités considérables, les effets sont les mêmes. Mêlé au sang qui baigne tous les organes, il ne peut pas manquer de les altérer dans leur texture, et d'y produire à la longue des désordres incompatibles avec leurs fonctions.

Cette altération lente est semblable à celle qu'amènent les années. L'alcoolisme n'est, en somme, qu'une vieillesse anticipée ; j'ajouterai qu'elle ne se prolonge guère. Tandis que le buveur de vin peut parcourir une longue carrière, l'alcoolique ne peut résister au-delà de dix ans.

Son existence n'est pas la seule qu'il abrège. Son vice le poursuit et le frappe dans ses enfants. Tous portent l'empreinte de l'hérédité. Chez quelques-uns, elle se produit seulement par une mobilité nerveuse plus grande, une disposition aux convulsions dans le premier âge, aux maladies nerveuses chez les jeunes filles ; mais tout se borne là. Chez d'autres, ce sont de véritables attaques d'épilepsie qui se montrent ; et à la Salpêtrière (1), les trois quarts des enfants atteints de cette maladie proviennent de parents alcooliques.

La prédisposition à la méningite tuberculeuse et, plus tard, à la phtisie pulmonaire est également le lot de ces pauvres déshérités. Enfin, la plupart d'entre eux sont d'une intelligence bornée, et quelques-uns apportent en naissant un penchant irrésistible pour les boissons fortes. Les soins de la famille ne parviennent pas toujours à les sauver du vice dégradant dont ils ont trouvé le germe dans leur berceau. Tous les médecins pourraient en citer, et les familles détruites par l'alcoolisme ne se comptent plus. Autant vaut sans doute qu'elles ne se perpétuent pas ; mais si ce sont des individualités peu regrettables, il n'en résulte pas moins une perte pour la population, et cette considération a une valeur dans un pays qui se dépeuple d'une façon aussi déplorable que le nôtre.

II

Budget des dépenses de l'alcoolisme en France

Prix de l'alcool consommé . . . . . . Fr.	90.981.800
Journées de travail perdues	962.771.000
Frais de traitement et chômage.	70.842.000
Frais pour aliénation mentale (1). . . .	2.321.300
Suicides	3.170.000
Frais de répression pour les criminels. .	8.894.500
Total.	1.138.980.600

III

Bilan de l'alcool aux Etats-Unis

Depuis dix ans, l'alcoolisme a coûté à l'Amérique une dépense indirecte de 33 milliards et une dépense directe de 600 millions. Il y a détruit 300,000 individus, envoyé 100,000 enfants aux maisons des pauvres, consigné au moins 150,000 personnes dans les prisons, et 10,000 dans les asiles d'aliénés. Il a poussé à la perpétration de 1,500 assassinats, causé 20,000 suicides, incendié ou détruit pour 50 millions de propriétés, fait 200,000 veuves et un million d'orphelins. — EVAREST, *ministre des affaires étrangères des Etats-Unis.*

---

1) Hôpital de Paris où sont soignées les maladies nerveuses.

(1) Le chiffre donné par M. Rochard a dû augmenter depuis huit ans. A un très récent Congrès tenu à Paris. le directeur de l'asile d'aliénés de Marseille a déclaré que cet asile, autrefois suffisant pour trois ou quatre départements, est maintenant rempli par les aliénés du seul arrondissement de Marseille. Il attribue ce développement de l'aliénation mentale à l'alcoolisme. Dans le Finistère, la constatation a été faite depuis longtemps.

IV

Action de l'alcoolisme sur l'intelligence

L'action de l'alcool n'est pas seulement une intoxication rapide, à courte échéance ; elle peut, si on en prolonge l'usage ou l'abus pendant quelque temps, devenir une intoxication chronique qui trouble profondément toutes les fonctions de nos organes et finit par altérer tous les tissus. Plus peut-être que les autres systèmes organiques, le système nerveux est altéré, et particulièrement l'encéphale. Des expériences précises tentées sur des animaux dont on mélange les aliments avec de l'alcool, ont démontré que le cerveau absorbait une certaine quantité de cette substance, par suite de l'affinité élective que certains tissus ont pour certains poisons déterminés, en sorte qu'on peut, après avoir sacrifié des chiens ainsi intoxiqués, prendre leur cerveau, et en retirer par la distillation une certaine quantité d'alcool. Si on continue l'expérience pendant plus de temps, ces malheureux chiens, victimes involontaires de l'ivrognerie, finissent à la longue par perdre l'intelligence : ils deviennent inquiets, tristes, agités. Suivant M. Magnan, ils ont de véritables hallucinations ; par moments, ils se croient poursuivis, courent effarés, en hurlant et en cherchant à mordre dans le vide. D'autres fois, au milieu de la nuit, ils poussent des gémissements plaintifs et tremblent de tous leurs membres, comme s'ils voyaient devant eux d'épouvantables fantômes.

La tristesse et la crainte, tels sont aussi chez l'homme les résultats de l'empoisonnement chronique de l'intelligence par l'alcool. Il semble que, par une sorte de légitime vengeance, la nature fasse expier les joies de l'ivresse par les terreurs de l'alcoolisme. D'abord, ce n'est qu'un sentiment vague de tristesse indéfinissable, qu'on cherche à combattre par de nouvelles doses de poison. Peu à peu cette tristesse augmente : le soir, à ce moment qui n'est pas encore le sommeil, et qui n'est déjà plus l'état de veille, apparaissent des fantômes mal éclairés, mais à formes repoussantes. Ce ne sont pas encore de vraies hallucinations, ce sont des illusions seulement ; mais le moment des hallucinations arrive : des formes hideuses, des animaux immondes, ou encore des objets terrifiants, empruntés au domaine de la vie réelle. On ne saurait avoir une meilleure idée de cette forme de délire qu'en lisant les observations médicales recueillies sur des aliénés alcooliques. Il me suffira d'en citer une, empruntée à **M.** Magnan ; comme toutes les observations se ressemblent, on jugera très bien, d'après ce seul exemple, de la forme la plus fréquente du délire alcoolique. Il s'agit d'une femme de quarante-cinq ans, buvant depuis longtemps. « La » lumière une fois éteinte, avec l'obscurité les » hallucinations reviennent ; elle essaie d'abord » de porter son attention sur d'autres objets ; » elle ferme les yeux et s'efforce de s'endormir. » C'est en vain ; tout-à-coup elle entend la voix » de ses parents, les gémissements et les cris » de sa fille qu'on entraîne… elle voit des toiles » d'araignée sur le mur, des cordages, des » filets avec des mailles qui se rétrécissent et » s'allongent ; au milieu se montrent des boules » noires qui se renflent, diminuent, prennent » la forme de rats, de chats qui passent à tra» vers les fils, sautent sur le lit, disparaissent. » Puis elle voit des oiseaux, des visages grima» çants, des singes qui courent, s'avancent, » rentrent dans la muraille, des poulets qui » s'enfuient et qu'elle cherche à attraper ; sur » tous les toits des maisons voisines apparais» sent des hommes armés de fusils ; à travers » un trou du mur elle remarque le canon d'un » révolver braqué sur elle, des incendies de » tous côtés ; les maisons s'effondrent ; tout » disparaît. Au milieu du tumulte, elle voit » massacrer son mari et ses enfants, qui crient » au feu, à l'assassin, qui appellent au secours. » Elle entend les cloches, la musique, un bruit » de machine à côté de la chambre, puis des » chants, des cris confus. Les arbres semblent

» danser et sont couverts de globes de toutes
» couleurs qui reculent, grossissent et dimi-
» nuent. Par moments, d'immenses feux, diver-
» sement colorés, éclairent l'horizon. »

Souvent ces hallucinations sont si épouvantables qu'elles contraignent, pour ainsi dire, le
malheureux à se tuer. Rien n'est plus commun
que le suicide des buveurs. D'après Brierre de
Boismont, sur un total de 4,595 cas de suicide,
il y en a 530 par ivresse, soit environ 1/9. On le
voit, la proportion est considérable : c'est une
des plus graves conséquences de l'abus des
boissons alcooliques.

(Extrait de la Lecture en classe, n° du samedi,
7 septembre 1895. — Ch. Delagrave, éditeur.)

Abus du Tabac

Il en est du tabac à fumer à peu près comme
de l'alcool. Lui aussi contient un poison tellement violent, la nicotine, qu'une goutte suffit
pour tuer un chien ; ce poison agit également
sur le cerveau, en faisant perdre d'abord la
mémoire et en affaiblissant graduellement les
autres facultés intellectuelles. Il détériore aussi
l'estomac et trouble la digestion, fait perdre
l'appétit, altère le sens du goût, fait gâter les
dents, etc... L'abus du tabac a une conséquence
redoutable : c'est la soif que l'on éprouve quand
on a beaucoup fumé, et qui fait contracter l'habitude de la boisson. Mais voilà, c'est le défaut à
la mode ; il est de bon ton d'avoir un cigare ou
une cigarette à la bouche, voire même une pipe.
L'abus du tabac est mauvais pour les hommes ;
à plus forte raison pour les enfants, dont les organes ne sont pas encore formés, et dont il en-
trave le développement. On peut même dire que
pour eux l'usage du tabac est très dangereux : il les
rend paresseux et moins intelligents. (O. Pavette.)

PROGRAMME DU MOIS DE DÉCEMBRE

PHYSIQUE ET CHIMIE		HISTOIRE NATURELLE		AGRICULTURE		HYGIÈNE	
Cours Moyen	*Cours Supérieur*	*Cours Moyen*	*Cours supérieur*	*Cours Moyen*	*Cours Supérieur*	*Cours Moyen*	*Cours Supérieur*
L'eau : composition, propriétés, usages. — Glace.— Vapeur d'eau. — Eau distillée. — Brouillards, nuages, pluie, neige, grêle. — Vases communicants, applications, niveaux, puits, sources, fontaines, jets d'eau. Pompes.	Comme le cours moyen, plus : L'hydrogène. — Vapeur atmosphérique : Hygromètre, principaux phénomènes. - Propriétés physiques des liquides. — Presse hydraulique. — Siphons, soufflets. — Principe d'Archimède. — Ballons.	Appareils circulatoire et respiratoire. — Mécanisme de la circulation et de la respiration. — Phénomènes chimiques.	Comme le cours moyen, plus : Sécrétions.	Rôle de l'eau dans la végétation. — Arrosage et irrigation. — Drainage.	Comme le cours moyen, plus : Eau alimentaire pour les animaux. — Eau des mares.	Eaux potables. — Précautions à prendre contre les variations de température. — Grippe. — Engelures. — Asphyxie par l'eau.	Comme le cours moyen

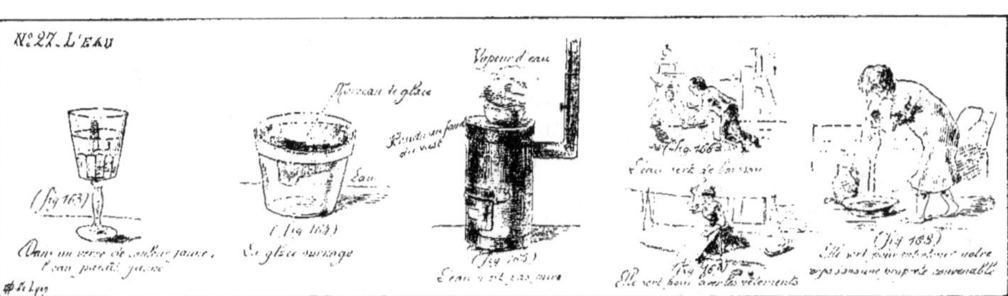

L'EAU

L'eau est un liquide transparent, que l'on trouve presque partout à la surface du globe et même à l'intérieur.

Composition de l'eau. — Longtemps on a cru que ce liquide était un corps simple. On ne connaît sa composition que depuis la fin du siècle dernier. L'eau est formée par la combinaison de deux gaz : l'hydrogène et l'oxygène. Vue en grande masse, elle paraît bleue ou verdâtre. Exemple : l'eau de la mer, d'un lac. En réalité, elle n'a aucune couleur. Expérience : je mets de l'eau dans ce verre de couleur jaune, elle vous paraît jaune (*fig.* 163) ; si le verre était rouge, l'eau paraîtrait rouge.

Propriété de l'eau

On dit que l'eau est incolore. C'est grâce à cette propriété de l'eau que les prestidigitateurs peuvent donner l'illusion de la transformation subite du vin en eau.

Dans un bocal en verre bien transparent, ils placent une bande d'étoffe d'un rouge foncé. Ils mettent ensuite de l'eau dans le vase, déclarant aux spectateurs que c'est du vin que celui-ci contient. L'eau en a, en effet, l'aspect, grâce à la bande d'étoffe. Plongeant ensuite la main dans le bocal et recouvrant le tout d'une serviette : « Soufflez », disent-ils aux voisins. Et tandis que ceux-ci soufflent, le prestidigitateur retire l'étoffe rouge. Il découvre ensuite le bocal : le vin s'est changé en eau.

Lorsque l'eau est pure, elle n'a ni goût, ni odeur. A quatre degrés au-dessus de zéro, un litre de ce liquide pur pèse un kilogramme.

L'eau peut se présenter sous trois états différents : la glace n'est autre chose que de l'eau à l'état solide ; l'eau que nous buvons est liquide ; la vapeur d'eau, le mot le dit, n'est autre chose que de l'eau à l'état de vapeur, à l'état gazeux.

Usages de l'eau

Tout le monde connaît l'utilité de l'eau. C'est d'abord le liquide le plus employé comme boisson (*fig.* 166) ; c'est aussi celui qui nous permet de laver nos vêtements (*fig.* 167), et d'entretenir notre corps dans un état constant de propreté (*fig.* 168). L'eau, tombant sous forme de pluie, hâte le développement des plantes, alimente nos fontaines, nos réservoirs, etc. Elle est employée aussi pour produire la vapeur qui fait mouvoir nos machines, nos chemins de fer, nos navires, etc., etc.

Glace et vapeur d'eau. — La glace et la vapeur d'eau pèsent moins que l'eau liquide. En effet, si nous jetons un morceau de glace dans un vase plein d'eau, la glace surnage (*fig.* 164). C'est même fort heureux pour nous, car, en hiver, les glaçons iraient au fond de l'eau : ils formeraient peu à peu des couches qui, superposées, rempliraient les lits des fleuves et des rivières ; bientôt toute la campagne serait inondée et puis couverte de glace.

Quant à la vapeur d'eau, elle est même plus légère que l'air, puisqu'elle s'élève dans l'atmosphère. Les nuages ne sont autre chose que de la vapeur d'eau.

L'eau que nous buvons n'est pas tout à fait pure. Laissons évaporer entièrement l'eau du vase placé sur le poêle (*fig.* 165). Lorsqu'elle aura disparu, nous constaterons qu'il reste au fond du vase une poussière grisâtre, provenant des diverses substances que l'eau tient en dissolution.

L'eau que nous pouvons boire sans danger s'appelle eau potable ; elle doit dissoudre le savon et cuire les légumes.

Eau distillée

On appelle eau distillée de l'eau ordinaire qui a été d'abord transformée en vapeur par l'ébullition et qui est redevenue liquide par le refroidissement.

L'eau distillée est très fade, et n'est pas bonne à boire, parce que les sels qui lui donnaient la saveur agréable et les gaz qu'elle tenait en dissolution ne s'y trouvent plus. Des poissons mis dans un bocal contenant de l'eau distillée ne tardent pas à périr.

On se sert de l'eau distillée pour une infinité d'opérations chimiques ou industrielles.

Brouillards

L'eau des lacs, des rivières, des fleuves et des mers, se refroidissant moins vite que l'atmosphère, donne constamment de la vapeur d'eau. On a calculé que, par une température ordinaire, il s'évapore un litre d'eau environ par mètre carré de surface.

Cette vapeur d'eau s'élève dans l'espace, et, arrivée à une hauteur où l'air est plus froid qu'à la surface, elle se condense. Quand la saturation de l'air est atteinte ou quand la température s'abaisse de manière que le point de saturation soit dépassé, le brouillard se produit. Si cet abaissement de température a lieu près du sol, la condensation de la vapeur donne les brouillards qui se forment souvent le matin au bord de la mer, près des cours d'eau, des lacs, etc.

Nuages

Les nuages sont produits par un abaissement brusque de la température dans les régions supérieures de l'atmosphère, dû au passage

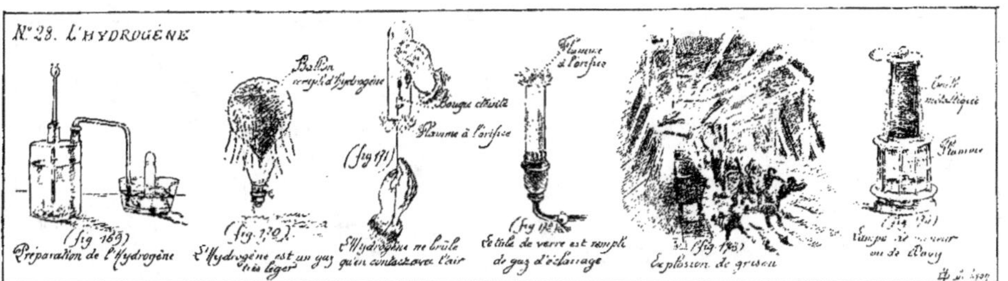

d'un courant d'air froid. Par suite de cet abaissement de température, les brouillards qui se trouvent dans ces régions se condensent, des gouttelettes se forment, restent en suspension dans l'atmosphère, et, si elles se trouvent dans un milieu saturé de vapeur d'eau, elles augmentent et grossissent sans cesse, pour former ces beaux nuages qui sont suspendus sur nos têtes. En résumé, les brouillards et les nuages ne sont autre chose que de la vapeur d'eau condensée.

Il y a diverses sortes de nuages : les plus élevés sont formés de petites aiguilles de glace; on les appelles des cirrus. Ceux qui sont arrondis, ressemblant à de magnifiques balles de coton, se nomment cumulus ; ils s'entassent à l'horizon pendant les chaleurs de l'été et annoncent l'orage. On donne le nom de stratus à des nuages dispersés en bandes horizontales et qui accompagnent souvent le coucher du soleil : s'ils paraissent en feu, ils indiquent le beau temps; s'ils sont gris, jaunes ou verts, ils indiquent la pluie. Enfin, les nimbus sont des masses compactes de nuages d'un gris uniforme qu'il est impossible de distinguer les uns des autres : ce sont ces nuages qui donnent la pluie.

Pluie

Quand la température des nuages situés dans une partie de l'atmosphère saturée de vapeur d'eau s'abaisse, la condensation devient plus forte, les vésicules se transforment en véritables gouttes d'eau qui tombent sur la terre sous forme de pluie.

On mesure la quantité de pluie tombée au moyen d'un instrument appelé pluviomètre.

Neige

La neige se forme dans les régions élevées de l'atmosphère, lorsqu'un courant d'air froid fait baisser la température à zéro ou au-dessous de zéro : la vapeur d'eau qui se trouve dans ces régions se solidifie, de petits cristaux de formes très variées se réunissent et forment des flocons de neige qui tombent.

Grêle

La grêle se forme dans les nuages orageux lorsque les aiguilles de glace d'un cirrus tombent dans un cumulus en surfusion : les gouttelettes d'eau de ce dernier se trouvant en contact avec les aiguilles glacées, se congèlent contre ces aiguilles dont elles augmentent le volume et deviennent des grêlons qui n'ont pas de forme cristalline.

L'hydrogène

L'hydrogène n'est connu que depuis la fin du siècle dernier. Il n'existe pas à l'état libre, comme l'eau. Aussi, les chimistes sont-ils obligés de le préparer.

Préparation de l'hydrogène. — Dans un flacon à deux tubulures, à moitié rempli d'eau, on met quelques morceaux de fer, ou mieux encore de la grenaille de zinc. On dispose tout l'appareil comme l'indique la *fig.* 169, puis on verse doucement par le tube à entonnoir un peu d'acide sulfurique ou chlorhydrique. Aussitôt il se produit une effervescence dans le flacon : l'eau se décompose en oxygène, qui attaque le fer ou le zinc, pour former de l'oxyde de fer ou de zinc, et en hydro-

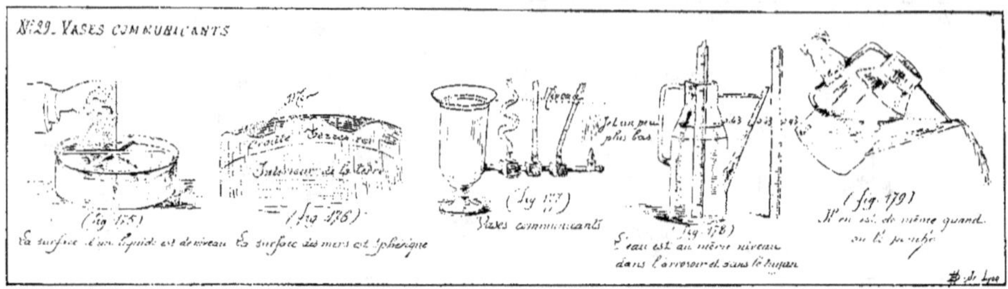

géne, qui se dégage et que l'on recueille dans l'éprouvette.

L'hydrogène n'a aucune couleur, aucune odeur, aucune saveur. C'est un gaz très léger. Il pèse 14 fois 1/2 moins que l'air ; de sorte qu'un litre d'hydrogène ne pèse même pas un décigramme. C'est à cause de sa légèreté qu'on s'en est servi, pendant un certain temps, pour le gonflement des ballons (fig. 170). On lui préfère aujourd'hui le gaz d'éclairage, plus facile à obtenir.

Des savants sont parvenus à préparer de l'hydrogène à l'état liquide et même à l'état solide.

L'hydrogène s'enflamme facilement. Dès que l'on approche une allumette enflammée d'une éprouvette remplie de ce gaz, celui-ci prend feu immédiatement : mais il ne brûle qu'à l'endroit où il est en contact avec l'air. En effet, la flamme, de couleur bleue, est à l'orifice de l'éprouvette, et la bougie s'éteint à l'intérieur (fig. 171).

Si, lorsqu'il prend feu, l'hydrogène était mélangé avec de l'air, une explosion se produirait. Dans les écoles éclairées au gaz, on peut constater ce fait de la manière suivante : on ouvre vivement le robinet d'un bec de gaz, et l'on tient en même temps au-dessus du verre une allumette enflammée. Le gaz, qui n'est autre chose que de l'hydrogène combiné à du carbone, s'enflamme à l'orifice (fig. 172). On ferme alors le robinet à moitié, un courant d'air s'établit dans le tube de verre, et cet air mêlé au gaz produit une petite explosion.

C'est ce qui nous explique les explosions dans les mines de houille. Celles-ci contiennent parfois un gaz appelé grisou. Ce gaz prend feu comme l'hydrogène ; et, comme il est mélangé à l'air de la mine, il produit des explosions terribles (fig. 173). Malheur au mineur qui allumerait sa pipe dans un endroit où se trouve du grisou !

Pour prévenir les accidents de cette nature, on fait usage dans les mines d'une lampe spéciale appelée lampe des mineurs (fig. 174) inventée par Davy. La toile métallique dont elle est entourée empêche les explosions de se produire.

Vapeur atmosphérique

Nous avons déjà vu que l'air atmosphérique contient de la vapeur d'eau en quantité variable.

Lorsque cette vapeur d'eau est voisine de son point de saturation, un faible abaissement de température suffit pour en déterminer la précipitation partielle : on dit alors que l'air est humide. Si, au contraire, la portion de vapeur d'eau contenue dans l'atmosphère est faible, on dit que l'air est sec.

Hygromètre. — On appelle hygromètres des instruments qui servent à faire connaître le degré d'humidité de l'air atmosphérique.

On a construit des hygromètres sur des principes très différents. Néanmoins, beaucoup de ces instruments sont basés sur la propriété que possèdent certains corps organiques de s'allonger d'autant plus que l'atmosphère est plus humide, parce qu'ils absorbent la vapeur d'eau.

Dans l'hygromètre à cheveu, c'est un cheveu qui, par ses variations de longueur selon que l'air est plus ou moins humide, fait tourner une aiguille sur un cadran divisé.

On peut voir chez les marchands d'instruments de physique des hygromètres représentant tantôt un petit personnage qui rentre dans une guérite quand le temps est à la pluie, tantôt un moine dont le capuchon vient se rabattre sur la tête ou s'en écarte, etc. : une petite corde de boyau, qui se dilate ou se contracte selon que l'air est plus ou moins humide, est fixée à la pièce mobile et la fait agir.

Niveau des liquides

Les liquides en repos ont toujours une position horizontale. Leur surface est plane, c'est-à-dire de niveau (fig. 175).

Il y a exception pour les grandes surfaces, pour les mers, par exemple, à cause de la rotondité de la terre (fig. 176).

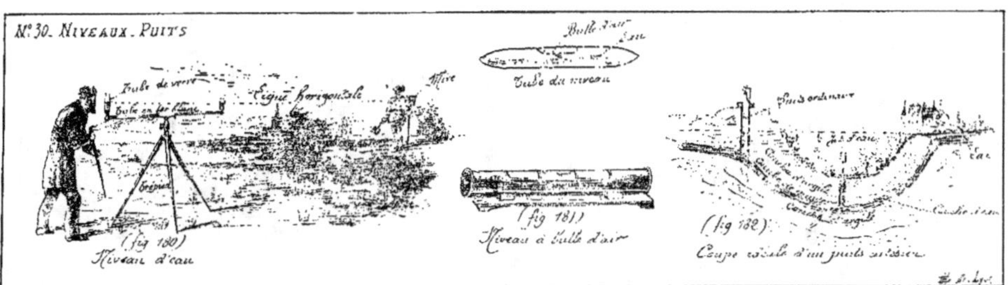

Vases communicants

Lorsque plusieurs vases, quelles que soient leurs formes et leurs dimensions, communiquent entre eux, le liquide versé dans l'un de ces vases monte dans tous les autres au même niveau.

Dans les laboratoires de physique, on constate ce fait au moyen d'un appareil qui se compose de quatre vases en verre de forme différente, communiquant entre eux. On voit que le liquide se trouve dans les quatre vases sur le même niveau (*fig.* 177).

Si nous ajoutons un tube effilé, plus court que les vases avec lesquels il communique, nous aurons un jet d'eau ; mais le niveau du jet sera plus bas que celui des autres vases, parce que l'eau doit vaincre la résistance de l'air et le poids de celle qui retombe.

La cruche de l'école, ou mieux encore l'arrosoir du jardin, va nous permettre de faire cette expérience : remplissons d'eau l'arrosoir. Nous voyons d'abord que l'eau est non seulement dans le corps de la cruche, mais aussi dans le tuyau. Pour savoir si les deux surfaces sont horizontales ou de niveau, mesurons leurs distances avec le sol : nous voyons que cette distance est de 0 m. 35 c. pour les deux (*fig.* 178).

Si nous penchons l'arrosoir, nous constaterons le même fait ; et l'eau coulera dès que l'ouverture du tuyau sera à un niveau inférieur à celui de l'eau (*fig.* 179).

Applications. — Le principe des vases communicants et de l'horizontalité des liquides a reçu diverses applications. Citons le niveau d'eau, le niveau à bulle d'air, les puits artésiens, l'alimentation des fontaines et les jets d'eau.

Le niveau d'eau est un instrument dont se servent les agents-voyers, les géomètres, etc., pour mesurer les différences de hauteur entre divers points du sol. Il se compose d'un tube recourbé en fer-blanc ou en cuivre ayant un tube de verre à chaque extrémité.

Quand le géomètre veut opérer, il fixe l'appareil sur un trépied et le remplit d'eau. Il place son œil d'un côté et fait mettre, par l'aide, la mire dans la direction des deux niveaux de l'eau ; cette ligne est horizontale (*fig.* 180).

Le niveau à bulle d'air est un instrument dont se servent les maçons, les charpentiers, etc.

Il se compose d'un tube de verre que l'on a rempli d'eau, en y laissant cependant une petite bulle d'air (*fig.* 181) ; puis, on a soudé ce tube aux extrémités et, pour le garantir, on l'a placé dans un étui de cuivre.

Quand le tube est bien horizontal, la bulle d'air se trouve au milieu. Pour s'en servir, on n'a donc qu'à le placer sur l'objet à niveler, et on reconnaît que cet objet est horizontal lorsque la bulle d'air correspond à la petite fenêtre du milieu.

Puits, sources, fontaines, jets d'eau

Les puits ordinaires, les puits artésiens, les sources, les fontaines, les jets d'eau reposent sur le même principe. En effet, les eaux pluviales s'infiltrent lentement dans le sol. Si elles ren-

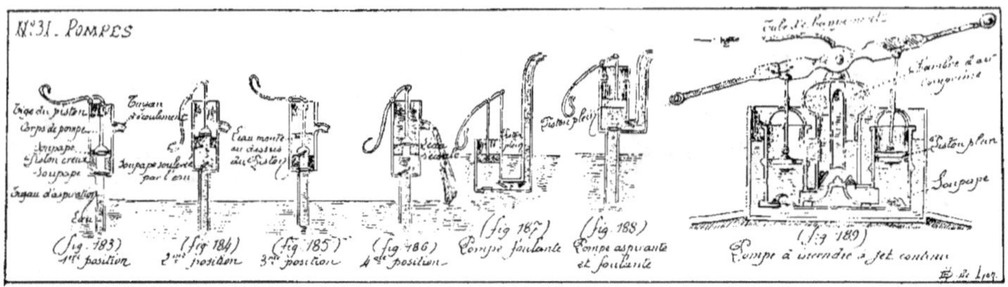

contrent des couches argileuses, elles sont arrê-
tées à cause de l'imperméabilité de l'argile.
Quand ces eaux pluviales ont pu pénétrer entre
deux couches d'argile séparées par une couche
de gravier, par exemple, elles se rassemblent
en nappes souterraines.

Puits ordinaires. — En creusant le sol jusqu'à
la rencontre de cette nappe d'eau, on a un puits
ordinaire. On tire l'eau des puits soit au moyen
de seaux attachés à une corde reposant sur une
poulie (*fig.* 182), soit avec des pompes. Le niveau
de l'eau du puits atteint le niveau de la partie
supérieure de la nappe souterraine ; et si cette
partie de la nappe avait un niveau supérieur à
celui du sol que l'on creuse, l'eau jaillirait et
l'on aurait alors un puits artésien.

Puits artésien. — Les puits artésiens, ainsi
appelés parce qu'on a commencé à les creuser
dans l'Artois en 1176, sont des trous très étroits
que l'on a perforés avec une sonde jusqu'à la
rencontre d'une couche d'eau souterraine,
emprisonnée entre deux couches d'argile.
Comme dans les vases communicants, l'eau
monte dans ce trou jusqu'au niveau de la partie
la plus élevée de la couche d'eau. Si le niveau
supérieur de cette couche d'eau est plus élevé
que l'orifice du puits, l'eau jaillit et peut former
un jet d'eau (*fig.* 182).

Sources. — Quand une masse d'eau souterraine emprisonnée entre deux couches imper-
méables rencontre quelque fissure naturelle du
sol, elle suit cette fissure, pour jaillir ensuite à
la surface : voilà une source. Il en est de même

lorsque les deux couches d'argile qui empri-
sonnent la masse d'eau se relèvent jusqu'à la
surface : là encore une nouvelle source jaillit.

Fontaines. — En captant l'eau d'une source,
on a ce qu'on appelle une fontaine. L'eau
s'écoule dans un bassin par un simple tuyau
placé dans la construction.

Alimentation des fontaines et jets d'eau. — Dans
les villes, il faut que tous les quartiers soient
pourvus de fontaines. Pour alimenter ces fontaines, on fait généralement arriver par une
canalisation souterraine, l'eau de quelque source
voisine.

Cette eau vient se déverser dans un grand
réservoir construit exprès sur le point le plus
élevé de la ville ; et, de là, elle est conduite par
des tuyaux souterrains dans toutes les fontaines
et même dans les maisons : comme le réservoir
domine la ville, l'eau, d'après le principe des
vases communicants, alimentera toutes les
fontaines.

Bien souvent, les promenades publiques sont
ornées de bassins dans lesquels se trouve un
jet d'eau.

Il est très facile d'obtenir un jet d'eau. On
fait arriver au milieu du bassin le tuyau qui
amène l'eau de la ville et on visse à son extrémité un tube effilé : d'après le principe des
vases communicants, le jet d'eau jaillira avec
force et atteindra une hauteur presque égale à
celle du réservoir.

Expériences. — J'adapte un tube en caoutchouc à l'extrémité d'un arrosoir que je remplis

d'eau. Je tiens cet arrosoir élevé de la main gauche, tandis que je presse avec les doigts l'extrémité du tube : un jet d'eau se produit.

Les pompes

Les pompes sont des instruments destinés à élever ou à refouler les liquides, plus spécialement l'eau.

Elles se composent généralement d'un corps de pompe dans lequel se meut un piston, d'un tuyau d'aspiration, d'un levier pour élever ou abaisser le piston, et enfin de soupapes qui peuvent, en se relevant et en s'abaissant, laisser passer l'eau.

Le jeu de la pompe est facile à comprendre. Supposons le piston au bas du corps de pompe (1re position, *fig.* 183). Les deux soupapes sont fermées. Si nous soulevons le piston, il se fait un vide au-dessous, et la pression atmosphérique, agissant sur l'eau, la refoule dans ce vide par le tuyau d'aspiration, en soulevant la soupape qui est à son extrémité (2e position, *fig.* 184). Quand l'eau est entrée dans ce vide, la soupape se referme par son propre poids : on abaisse le piston, et l'eau, soulevant la soupape située à la partie supérieure du piston, passe par-dessus (3e position, *fig.* 185).

Si maintenant on relève le piston, la soupape s'étant refermée par son propre poids, l'eau est soulevée et s'échappe par le tuyau d'écoulement (4e position, *fig.* 186).

Nous avons déjà vu que la pression atmosphérique peut soulever l'eau jusqu'à 10m33 seulement ; il ne faut donc pas que la distance entre le piston et le niveau de l'eau soit supérieure à 10m33.

Quand on veut élever l'eau à de grandes hauteurs, on fait usage d'une autre espèce de pompe appelée pompe foulante.

Dans cette pompe (*fig.* 187), le piston est plein, c'est-à-dire n'a pas de soupape : l'eau, au lieu de passer par-dessus le piston est, au contraire, refoulée dans un tuyau placé sur le côté du corps de pompe ; une soupape placée à la base de ce tuyau s'ouvre quand l'eau est repoussée par le piston et se referme ensuite, s'opposant ainsi au retour de l'eau du tuyau.

Beaucoup de pompes sont à la fois aspirantes et foulantes (*fig.* 188).

Pompe à incendie. — La pompe à incendie (*fig.* 189) n'est autre chose que la réunion de deux pompes foulantes. Les deux pistons sont mis en mouvement par la vapeur ou par un long levier que manœuvrent plusieurs hommes à la fois. Quand un piston monte, l'autre descend. Un réservoir d'air comprimé placé un peu plus haut que l'ouverture du tuyau d'écoulement permet d'avoir un jet continu.

Généralement, on verse dans la pompe de l'eau apportée dans des seaux de toile que l'on se fait passer de main à main : c'est ce qu'on appelle faire la chaîne. Mais lorsque la pompe fonctionne à proximité d'un bassin ou d'une rivière, etc., on l'alimente directement au moyen d'un tube d'aspiration qui plonge dans l'eau.

Propriétés physiques des liquides

Les propriétés physiques des liquides sont les suivantes : 1° ils sont incompressibles ou à peu près ; 2° les liquides en repos ont toujours une position horizontale, sauf pour les grandes surfaces ; 3° lorsque plusieurs vases, quelles que soient leurs formes et leurs dimensions, communiquent entre eux, un liquide versé dans l'un de ces vases monte dans tous les autres au même niveau ; 4° les liquides exercent sur les parois des vases qui les contiennent une pression dans tous les sens ; 5° la pression est indépendante de la forme du vase ; 6° la pression des liquides se transmet dans les vases communiquant entre eux proportionnellement à leurs surfaces ; 7° tout corps plongé dans un liquide perd de son poids le poids du liquide déplacé.

Nous venons de parler des trois premières propriétés au cours moyen ; nous allons étudier les quatre autres.

Pression des liquides. — Les liquides exercent sur les parois des vases qui les contiennent une pression dans tous les sens : de haut en bas, de bas en haut, de droite à gauche et réciproquement ; c'est ce que l'on appelle poussée des liquides.

Pression de haut en bas. — Pour constater la pression de haut en bas, je mets un bouchon à la petite ouverture d'un verre de lampe (il faut que ce bouchon glisse facilement sur les parois). Le bouchon ne tombe pas. Je

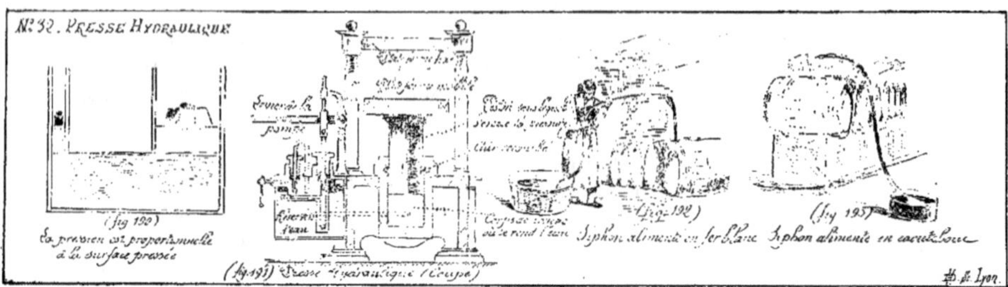

verse de l'eau dans le verre et le bouchon tombe : c'est la pression de l'eau qui l'a repoussé.

Pression de bas en haut. — Je fais une rondelle de carton léger un peu plus grande que la base du verre de lampe et je suspends cette rondelle par un fil.

J'appuie ce carton contre le verre, en le soutenant par le fil, de l'autre côté : si je lâche le fil, la rondelle tombe.

Maintenant, je plonge la rondelle adaptée au verre dans un bocal plein d'eau, je lâche le fil : la rondelle ne tombe pas ; c'est que l'eau du bocal la pousse de bas en haut.

Ce carton tombera cependant quand le niveau de l'eau que je verserai dans le tube de verre sera égal au niveau de l'eau du bocal. (Pour rendre l'expérience plus sensible, on a la précaution de mettre quelques gouttes d'encre rouge dans l'eau que l'on verse dans le tube.)

Pression sur les côtés. — Pour constater cette pression, je me sers encore du verre de lampe. Voici de quelle manière : je choisis un bon bouchon s'adaptant bien à la partie rétrécie du verre de lampe ; je le perce de deux trous dans lesquels j'enfonce deux petits tubes de verre que j'ai auparavant recourbés à angle droit au feu d'une lampe et je les dispose de manière que les parties recourbées soient opposées. Cela fait, je suspends l'appareil à un fil que je tiens entre les doigts : rien ne remue. Je verse de l'eau dans le verre : immédiatement l'appareil se met à tourner dans le sens opposé à l'écoulement. En voici la raison : l'eau exerce une pression sur la paroi du coude que forme chaque petit tube adapté au bouchon ; ces deux pressions s'ajoutent et ont assez de force pour faire tourner le tout.

C'est à cette pression qu'est dû le mouvement de recul produit par les armes à feu.

La pression est indépendante de la forme du vase. — La pression ou poussée des liquides ne dépend pas de la forme du vase, mais bien de la surface pressée et de la hauteur du liquide. En effet, nous avons vu, à l'avant-dernière expérience, que le carton tombait au fond du vase lorsque le niveau de l'eau introduite dans le tube était au même niveau que celle du bocal. Répé-

tons cette expérience en plaçant le carton, cette fois, à la petite ouverture du verre de lampe ; de nouveau, le carton ne tombe que lorsque le niveau est le même à l'intérieur et à l'extérieur du verre. Par conséquent, la pression ne dépend pas de la forme du vase, mais bien de la surface pressée et de la hauteur du liquide.

Une expérience, appelée l'expérience du crève-tonneau, rend ce fait plus saisissant. On a une petite barrique pleine d'eau. Au trou du robinet, on adapte un tube en fer blanc ou en caoutchouc de 2 à 3 mètres de hauteur. On verse ensuite de l'eau dans ce tube, et bientôt le tonneau éclate : c'est naturellement la pression de l'eau qui l'a crevé, et cependant le tube n'en contient pas beaucoup. Mais d'après ce qui vient d'être dit, le tonneau a supporté une pression égale à celle qu'il aurait supportée si le tube avait été aussi gros que le tonneau lui-même : voilà pourquoi il a éclaté.

D'après cette expérience, il est facile de comprendre que les poissons supportent au fond des mers des pressions énormes, sur tout le corps. S'ils ne sont pas écrasés, c'est que leur corps est composé de matières incompressibles, et qu'ils sont complètement entourés d'eau formant comme une espèce de manchon autour d'eux.

Presse hydraulique

La pression des liquides se transmet dans les vases communiquant entre eux et proportionnellement à leurs surfaces.

La *fig.* 190 fera bien comprendre cette définition. Deux vases contenant de l'eau communiquent entre eux : l'un a une surface 50 fois plus grande que l'autre. Eh bien ! si l'on met sur la petite surface un poids de 1 kilogr., il faudra en mettre un de 50 kil. sur la grande surface pour qu'il y ait équilibre. Ce principe a reçu une application dans la presse hydraulique.

La presse hydraulique : *fig.* 191, est une machine qui sert, dans les usines, pour serrer fortement les objets, pour extraire, par forte pression, les huiles ou les graisses des matières qui les renferment, etc.

Elle se compose de deux cylindres creux d'inégale

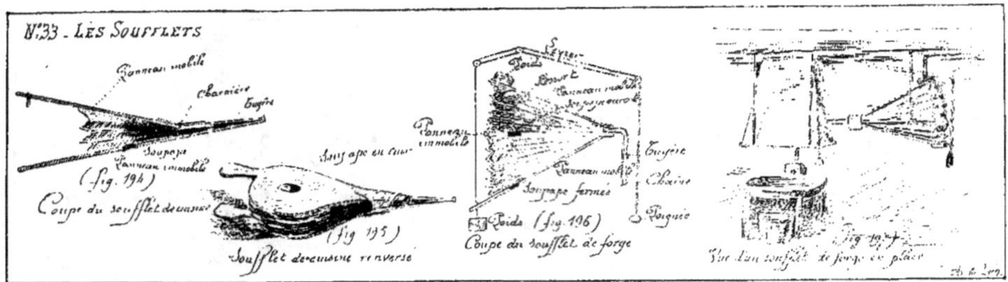

dimension, communiquant entre eux et dans chacun desquels se ment un piston. Au moyen d'un levier, on exerce une pression sur le petit piston, et cette pression est transmise au gros piston proportionnellement à sa force, c'est-à-dire que si l'un est 50 fois plus grand que l'autre, une pression de 10 kilogr. sur le petit piston donne une pression de 500 kilogr. sur le gros piston.

Les objets sont pressés entre le plateau supporté par le grand piston et un plateau supérieur retenu par quatre montants solides.

Les siphons

Le siphon est un tube recourbé, en fer blanc, à deux branches de longueur inégale, ouvert aux deux bouts et servant à transvaser les liquides.

Pour s'en servir, on plonge la branche la plus courte dans le liquide à transvaser ; puis, par l'autre bout, ou par un petit tube latéral, on aspire l'air contenu dans le siphon : on fait ainsi le vide. Immédiatement, la pression atmosphérique refoule le liquide dans le tube, et le siphon coule (*fig*. 192). On dit alors qu'il est amorcé. Cet écoulement continuera tant que le niveau du liquide à transvaser sera plus haut que l'ouverture de la branche d'écoulement ; dans le cas contraire, l'air rentre dans le siphon, qui cesse alors de fonctionner.

Aujourd'hui, l'on se sert beaucoup d'un tube en caoutchouc en guise de siphon (*fig*. 193). Il n'est pas besoin d'aspirer pour l'amorcer : on n'a qu'à presser un bout entre deux doigts de la main gauche, et faire glisser la main droite de cet endroit à l'autre bout en produisant la même pression sur tout le tube. Le plongeant alors dans le liquide, et retirant les doigts qui le pressent, le siphon fonctionne immédiatement, attendu que le tube est vide d'air.

On peut encore amorcer le siphon en le plongeant dans le liquide à transvaser, après l'avoir préalablement rempli de ce même liquide.

Les soufflets

Les soufflets sont des instruments qui servent, en général, à activer le feu.

Nous parlerons seulement du soufflet de cuisine et du soufflet de forge.

Le soufflet de cuisine (*fig*. 195) se compose de deux panneaux qu'une peau tendue par des cerceaux réunit. A l'extrémité, se trouve une tuyère en fer. Le panneau inférieur, qui est immobile, est percé d'un trou à son centre. Sur le trou, à l'intérieur, on a cloué un morceau de cuir formant soupape.

Quand on écarte les deux panneaux, il se forme un vide à l'intérieur du soufflet. La pression atmosphérique soulève alors la soupape, et l'air extérieur entre (*fig*. 194). Le soufflet étant plein d'air, la soupape se referme, et, si l'on presse les deux panneaux, l'air sort par la tuyère. Le jet est intermittent.

En ajoutant au panneau inférieur du soufflet de cuisine un troisième panneau muni de sa soupape et relié par une peau, on a un soufflet de forge (*fig*. 196 et 197).

En tirant la chaîne du levier, le panneau inférieur se relève, chasse l'air de ce compartiment dans le compartiment supérieur, et soulève le plateau mobile, tout en s'écoulant en partie par la tuyère. La chaîne n'étant plus tirée, le panneau inférieur s'abaisse, entraîné par le poids, et l'air entre par la soupape. Pendant ce temps, le panneau supérieur, pressé par le poids, se rapproche du panneau moyen dont la soupape s'est fermée, et chasse l'air par la tuyère, et ainsi de suite. Le jet est continu.

Dans certains soufflets de forge, le panneau supérieur est rapproché du panneau moyen par un ressort.

Principe d'Archimède

Archimède, célèbre géomètre grec, qui vivait au IIIe siècle avant J.-C., observa, en prenant un bain, que les corps plongés dans l'eau paraissent moins pesants que dans l'air. Il en conclut qu'un corps plongé dans le liquide subit de la part de ce liquide une poussée de bas en haut. Après plusieurs expériences, Archimède put énoncer le principe suivant : « Tout corps plongé dans un liquide perd de son poids le poids du liquide déplacé. »

Pour constater ce fait, j'attache à l'un des plateaux d'une balance une bouteille d'un litre pleine d'eau. Je

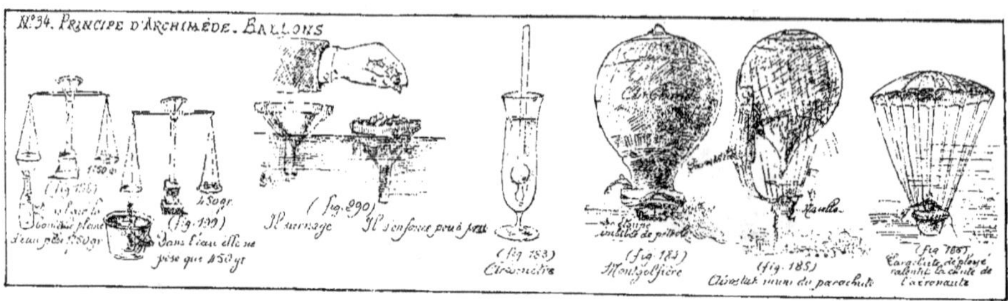

la pèse, et je lui trouve un poids de 1750 gram. (*fig.* 198).

Maintenant, je passe par-dessous un seau presque plein d'eau et j'y fais plonger la bouteille : immédiatement le plateau se relève, et je dois, pour rétablir l'équilibre, retirer des poids de l'autre plateau, jusqu'au moment où il ne reste plus que 450 grammes.

Dans l'air, cette bouteille pleine d'eau pesait 1750 gr., dans l'eau, elle n'en pèse plus que 450 (*fig.* 199) ; elle a donc perdu de son poids 1750 — 450 = 1300 grammes. Voyons si ces 1300 grammes représentent le poids de l'eau déplacée par la bouteille : le système métrique nous apprend qu'un litre d'eau pèse 1000 grammes ; il ne reste plus que 300 gram. représentés par le volume du verre qui doit être, par conséquent, de 300 centimètres cubes. Pour nous en assurer, divisons le poids de la bouteille vide, soit 750 gr., par la densité du verre qui est 2,5 et nous trouverons en effet $\frac{750}{2,5} = 300$ gr.

Cette expérience nous permet de trouver facilement le volume des corps les plus irréguliers. Nous n'avons qu'à peser ces corps dans l'air, puis dans l'eau, et la différence du poids en grammes indique le volume en centimètres cubes.

Applications du principe d'Archimède. — La densité d'un corps est le rapport qui existe entre son poids et le poids d'un égal volume d'eau pure.

Prenons un exemple : 1 décimètre cube d'eau pèse 1 kilogr. ; 1 décimètre cube de plomb pèse 11 kil. 5 ; enfin, 1 décimètre cube de liège ne pèse que 0 k. 240 grammes. Nous dirons donc que la densité du plomb est de 11,5 et celle du liège de 0,24.

D'après le principe d'Archimède, tout corps plongé dans un liquide ira au fond s'il est plus dense que ce liquide, et surnagera s'il est moins dense.

Un vaisseau surnage parce que son poids est inférieur à celui de l'eau qu'il déplacerait s'il était entièrement plongé dans cette eau. Il en est de même du nageur, des radeaux, des barques. On pourrait encore faire surnager le fer, en le réduisant en lames minces que l'on souderait, pour lui donner un fort volume avec un petit poids : c'est ce qui explique comment les navires de guerre blindés peuvent surnager.

L'expérience suivante fera mieux comprendre : j'adapte un bouchon à la petite ouverture d'un entonnoir et je le place sur l'eau (*fig.* 290). Il surnage, bien qu'il soit tout en fer, parce que son poids est inférieur à celui de l'eau qu'il pourrait déplacer par son volume. Je mets de petites pierres dans cet entonnoir : il s'enfonce peu à peu, selon le poids dont il est chargé. De même les navires s'enfoncent selon le poids de leur cargaison.

C'est encore d'après le principe d'Archimède que l'on a construit des instruments gradués appelés aréomètres (*fig.* 183) pour trouver la densité des liquides, la quantité d'alcool que renferme un vin, etc. : on n'a qu'à plonger l'instrument dans le liquide à éprouver, et le degré est indiqué par la graduation au niveau du liquide.

Les poissons ont dans leur corps une vessie natatoire qu'ils peuvent enfler ou comprimer à volonté ; quand ils l'enflent, leur corps augmente de volume, et ils s'élèvent dans l'eau en vertu de la poussée des liquides ; l'inverse se produit quand ils compriment cette vessie.

Ballons

Disons, enfin, que le principe d'Archimède est applicable aux gaz. C'est d'après ce principe que les ballons ou aérostats s'élèvent dans l'air : il suffit que leur poids total soit inférieur au poids de l'air qu'ils déplacent. C'est pour cela qu'au début on les gonflait avec l'air chaud, qui est plus léger que l'air de l'atmosphère (*fig.* 184). Aujourd'hui, on les remplit de gaz hydrogène, qui est bien plus léger encore, ou du gaz d'éclairage. Bien souvent, les aéronautes attachent sur un côté du ballon une espèce de grand parapluie appelé parachute, relié par des cordes à la nacelle (*fig.* 185). Si le ballon, une fois dans les airs, était crevé par accident ou brûlé, l'aéronaute couperait les cordes qui retiennent le ballon à la nacelle : celle-ci descendrait alors avec rapidité ; mais, en même temps, l'air s'engouffrant dans le parachute l'ouvrirait (*fig.* 186), et, grâce à la résistance de l'air, ce parachute, soutenant la nacelle, arriverait assez lentement à terre.

RÉSUMÉ

L'eau est formée par la combinaison de deux gaz : l'hydrogène et l'oxygène.

Lorsqu'elle est pure, elle n'a ni goût, ni odeur. Un litre de ce liquide pèse 1 kilogr.

Pour être potable, l'eau doit dissoudre le savon et cuire les légumes.

L'eau sert comme boisson et pour laver nos vêtements et notre corps ; elle hâte le développement des plantes, produit la vapeur, est employée comme force motrice, etc.

L'eau distillée est très fade et n'est pas bonne à boire ; elle sert pour une infinité d'opérations chimiques ou industrielles.

Les brouillards se produisent quand la température s'abaisse de manière que le point de saturation de l'air est dépassé.

Les nuages sont produits par un abaissement brusque de température dans les régions supérieures de l'atmosphère.

On distingue quatre sortes de nuages : les cirrus, les cumulus, les stratus et les nimbus.

La pluie est produite par une condensation plus forte des nuages, par suite d'un abaissement de température.

La neige se forme dans les régions élevées de l'atmosphère, lorsqu'un courant d'air froid fait baisser la température à zéro ou au-dessous de zéro.

La grêle se forme dans les nuages orageux lorsque les aiguilles de glace d'un cirrus tombent dans un cumulus en surfusion.

On prépare l'hydrogène en décomposant l'eau au moyen de la grenaille de zinc et de l'acide sulfurique ou chlorhydrique.

L'hydrogène est un gaz très léger qui s'enflamme facilement en produisant une flamme bleue. Il ne brûle qu'en contact avec l'air. Un mélange d'air et d'hydrogène donne lieu à une explosion.

L'air atmosphérique contient de la vapeur d'eau en quantité variable : de là l'air humide et l'air sec.

On appelle hygromètres des instruments qui servent à faire connaître le degré d'humidité de l'air atmosphérique.

Dans les vases communicants, les surfaces des liquides qu'ils contiennent sont toutes au même niveau. Le niveau d'eau, le niveau à bulle d'air, les puits, les sources, les fontaines, les jets d'eau reposent sur ce principe.

Les puits artésiens sont des trous très étroits que l'on a perforés jusqu'à la rencontre d'une couche d'eau emprisonnée entre deux couches d'argile.

Les pompes sont des instruments destinés à élever ou à refouler les liquides, plus spécialement l'eau. Elles se composent généralement d'un corps de pompe dans lequel se meut un piston, d'un tuyau d'aspiration, d'un levier et de soupapes.

La pression atmosphérique ne peut pas soulever l'eau au-delà de 10 mètres 33 centimètres.

Les principales pompes sont : la pompe aspirante, la pompe foulante, la pompe aspirante-foulante, la pompe à incendie.

Les liquides sont incompressibles ; ils exercent sur les parois des vases qui les contiennent une pression dans tous les sens. Cette pression est indépendante de la forme du vase, et se transmet, dans les vases communiquant entre eux, proportionnellement à leurs surfaces.

Tout corps plongé dans un liquide perd de son poids le poids du liquide déplacé.

La presse hydraulique se compose de deux cylindres d'inégale dimension, communiquant entre eux, et dans chacun desquels se meut un piston.

Le siphon est un tube recourbé à deux branches de longueur inégale.

Le soufflet de cuisine n'a que deux panneaux et une soupape, tandis que le soufflet de forge a trois panneaux et deux soupapes.

Le principe d'Archimède est applicable aux navires, aux aréomètres et aux aérostats.

DEVOIRS

1° Quelle est la composition de l'eau ? Faites connaître ses propriétés et ses usages.

2° Parler des brouillards, des nuages et de la pluie.

3° Développez les principales applications des vases communicants : niveau d'eau, niveau à bulle d'air, puits, sources, fontaines, jets d'eau.

4° Les pompes — Diverses sortes de pompes. — Description et jeu de la pompe aspirante.

HISTOIRE NATURELLE

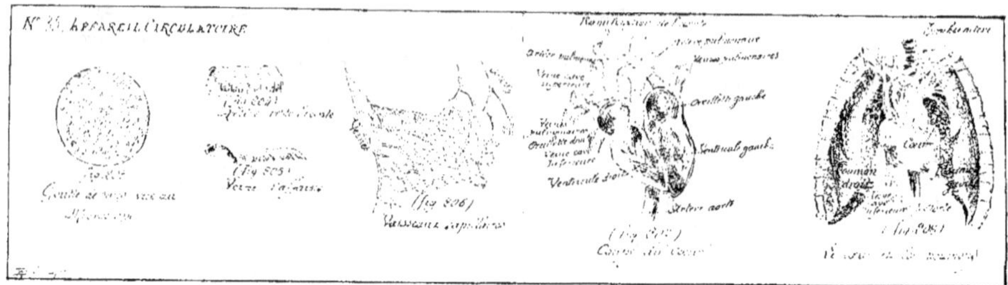

La circulation du sang

La circulation a pour objet de faire passer le sang du cœur dans toutes les parties du corps et de le ramener ensuite au cœur.

Le sang nourrit nos organes et entretient la vie. Il est produit par les aliments que nous mangeons.

En examinant au microscope une goutte de sang (*fig.* 203), on n'aperçoit qu'un liquide incolore et transparent, nommé sérum, tenant en suspension une multitude de petits corps rouges appelés globules du sang.

Le sang part du cœur pour aller nourrir nos organes. Il est d'un rouge vermeil et on l'appelle sang artériel ; puis il revient au cœur, altéré, n'ayant plus la même couleur : il est d'un rouge noirâtre et on l'appelle sang veineux.

Ce sang veineux, qui est impropre à entretenir la vie, passe ensuite dans les poumons où l'air lui rend ce qu'il a perdu et le transforme en sang artériel.

Voilà donc un double mouvement : 1° transport du sang artériel dans tous les organes du corps ; 2° retour dans les poumons, en passant par le cœur, du même sang altéré devenu sang veineux : c'est ce que l'on appelle la circulation du sang.

Les tubes ou vaisseaux qui portent le sang artériel dans toutes les parties du corps s'appellent des artères : elles sont épaisses, élastiques et restent béantes si elles sont coupées (*fig.* 204).

Ceux qui conduisent le sang veineux au cœur s'appellent des veines : elles sont minces et s'affaissent si on leur fait une entaille (*fig.* 205).

Cependant, on donne le nom d'artères pulmonaires aux vaisseaux qui portent le sang veineux du cœur aux poumons, et celui de veines pulmonaires aux vaisseaux qui conduisent le sang artériel des poumons au cœur.

Enfin, de petits tubes déliés, appelés vaisseaux capillaires, font communiquer les artères avec les veines (*fig.* 206).

C'est à travers les minces parois des vaisseaux capillaires que le sang artériel cède aux organes les éléments nutritifs qu'il renferme.

Les organes qui concourent à la circulation du sang sont : le cœur, les poumons, les artères, les veines, les vaisseaux capillaires.

Le cœur (*fig.* 207 et 208) est une poche musculeuse située entre les deux poumons, un peu sur le côté gauche.

Il présente quatre cavités distinctes : deux oreillettes et deux ventricules. Des artères et des veines aboutissent à ces cavités. Chaque oreillette communique avec le ventricule situé au-dessous.

Mécanisme de la circulation du sang

Le sang veineux arrive dans l'oreillette droite par la veine cave supérieure et par la veine

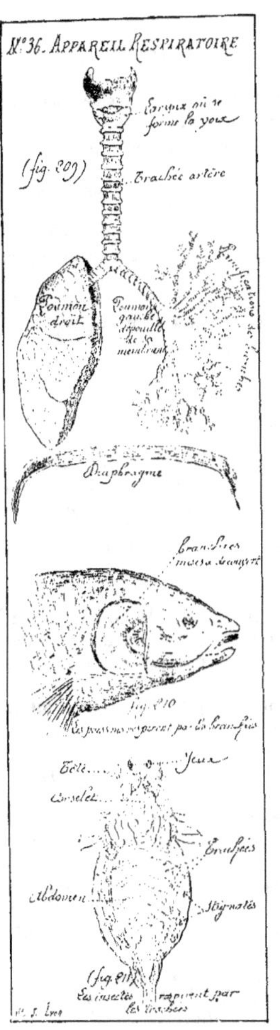

cave inférieure. Cette oreillette se contracte et le fait passer dans le ventricule droit. Celui-ci se contracte à son tour et le refoule dans l'artère pulmonaire qui le conduit dans les deux poumons. Là, le sang est en contact avec l'air qui remplit les poumons ; il se transforme en sang artériel et vient se déverser dans l'oreillette gauche par les veines pulmonaires. L'oreillette gauche se contracte et le pousse dans le ventricule gauche ; celui-ci se contracte à son tour et le chasse dans l'artère aorte chargée de le distribuer dans toutes les parties du corps par diverses ramifications.

Quand le sang artériel a cédé aux organes les matériaux nécessaires à leur entretien, il revient impur dans les veines, puis au cœur, d'où il est chassé dans les poumons.

La respiration

La respiration a pour objet de transformer le sang veineux en sang artériel dans des organes spéciaux qu'on appelle poumons.

Par l'inspiration, l'air extérieur pénètre dans les poumons, cède au sang, à travers les minces parois des vésicules pulmonaires, les principes dont il a besoin, l'oxygène surtout, lui enlève les principes nuisibles, tels que l'acide carbonique et est rejeté ensuite au dehors par l'expiration.

Les organes qui concourent à cette fonction sont : la bouche, le nez, la trachée-artère, les poumons, le diaphragme (*fig.* 209).

Mécanisme de la respiration

Par un mouvement involontaire, le muscle nommé diaphragme, qui sépare la poitrine du ventre, s'abaisse ; les côtes et les épaules se soulèvent. La poitrine acquiert ainsi plus de capacité, et il se forme dans les poumons un vide que l'air extérieur vient remplir. Cet air entre par la bouche ou par le nez et pénètre dans la trachée-artère, qui se divise en deux branches appelées bronches, aboutissant chacune à un poumon.

Les bronches ont dans les deux poumons une infinité de ramifications. En circulant dans ces ramifications, l'air se trouve en contact avec le sang veineux qui vient du cœur et le transforme en sang artériel.

La *fig.* 209 montre l'appareil respiratoire de l'homme ; le poumon gauche est dépouillé de sa membrane pour laisser voir les bronches.

Les poissons respirent par les branchies, vulgairement appelées ouïes (*fig.* 210), l'air qui est dissous dans l'eau.

Les insectes, l'abeille par exemple, et quelques araignées respirent au moyen de petits tubes appelés trachées, qui reçoivent l'air extérieur par des orifices nommés stigmates, situés sur les côtés de l'abdomen (*fig.* 211).

Les zoophytes, ou rayonnés, tels que les oursins, les étoiles de mer, les infusoires, respirent par la peau.

Quand la respiration cesse, faute d'air respirable, on dit qu'il y a asphyxie.

Phénomènes chimiques de la circulation et de la respiration

Nous venons de voir que dans nos veines circule le sang veineux, impropre à entretenir la vie, tandis que nos artères portent le sang artériel chargé d'entretenir nos organes.

Le sang veineux est chargé d'acide carbonique et de vapeur d'eau, tandis que le sang artériel est riche en oxygène.

Le sang artériel redevient sang veineux après qu'il a cédé aux organes, à travers les minces parois des vaisseaux capillaires, les éléments nutritifs qu'il contient. Il est donc nécessaire, pour que nous puissions vivre, que ce sang veineux soit transformé en sang artériel. C'est dans ce but que la circulation et la respiration agissent de concert. En effet, pendant que le ventricule droit refoule dans les poumons, par l'artère pulmonaire, le sang veineux qu'il contient, l'air atmosphérique arrive dans les poumons par la trachée artère et les bronches, et remplit les vésicules pulmonaires.

Le sang veineux et l'air se trouvant en présence, un double échange se produit : à travers les minces membranes des vésicules pulmonaires, l'oxygène de l'air pénètre dans le sang veineux, et en même temps l'acide carbonique et la vapeur d'eau que contient le sang veineux, par un mouvement contraire, s'en vont par le même chemin pour être exhalés au dehors. En d'autres termes, l'oxygène de l'air passe dans le sang veineux, en même temps que l'acide carbonique et la vapeur d'eau du sang veineux passent dans l'air.

Voilà comment le sang veineux, chargé d'acide carbonique et de vapeur d'eau lorsqu'il arrive aux poumons, est transformé en sang artériel, riche en oxygène, qui retourne au cœur pour aller de là dans toutes les parties du corps.

Sécrétions

Par l'expiration, le sang se débarrasse de l'acide carbonique et de la vapeur d'eau. Mais il contient encore d'autres substances qui seraient nuisibles, si elles n'étaient expulsées.

Il s'en débarrasse par les sécrétions.

Les principales sécrétions sont celles de la sueur et de l'urine.

La sueur est un liquide légèrement acide, composé d'eau et de quelques autres matières minérales. Elle a surtout pour but de maintenir l'équilibre de la température du corps.

La sueur est sécrétée par les glandes sudoripares, situées dans le tissu graisseux de la peau. Cette sueur, en s'évaporant, enlève au corps son excès de chaleur.

L'urine est un liquide jaunâtre, légèrement acide, formé d'eau et de diverses matières minérales, dont la principale est l'urée. Elle débarrasse l'organisme de l'eau qu'il contient en excès et des principes azotés qui proviennent de la décomposition des tissus.

RÉSUMÉ

Le sang nourrit nos organes et entretient la vie. Il se compose d'un liquide incolore et transparent et d'une multitude de globules rouges.

Le sang artériel entretient la vie ; le sang veineux a perdu cette propriété.

L'appareil circulatoire comprend : le cœur, les poumons, les artères, les veines et les vaisseaux capillaires.

Le sang veineux arrive dans le cœur ; de là, il va aux poumons pour se transformer en sang artériel, et revient au cœur, qui le chasse dans toutes les parties du corps.

La respiration a pour objet de transformer le sang veineux en sang artériel.

Les organes de la respiration sont : la bouche, le nez, la trachée-artère, les poumons et le diaphragme.

Les poissons respirent par les branchies, les insectes par les trachées et les zoophytes par la peau.

Le sang artériel redevient sang veineux après qu'il a cédé aux organes, à travers les minces parois des vaisseaux capillaires, les éléments nutritifs qu'il contient.

L'oxygène de l'air passe dans le sang veineux en même temps que l'acide carbonique et la vapeur d'eau du sang veineux passent dans l'air.

Les principales sécrétions sont celles de la sueur et de l'urine.

La sueur est sécrétée par les glandes sudoripares.

L'urine débarrasse l'organisme de l'eau qu'il contient en excès et des principes azotés qui proviennent de la décomposition des tissus.

1° Le sang, sa composition, mécanisme de la circulation du sang.

2° Objet de la respiration, mécanisme de la respiration.

3° Faites la description de l'appareil circulatoire : cœur, poumons, artères, veines, vaisseaux capillaires.

4° Faites la description des organes de la respiration : bouche, nez, trachée-artère, poumons, diaphragme.

AGRICULTURE

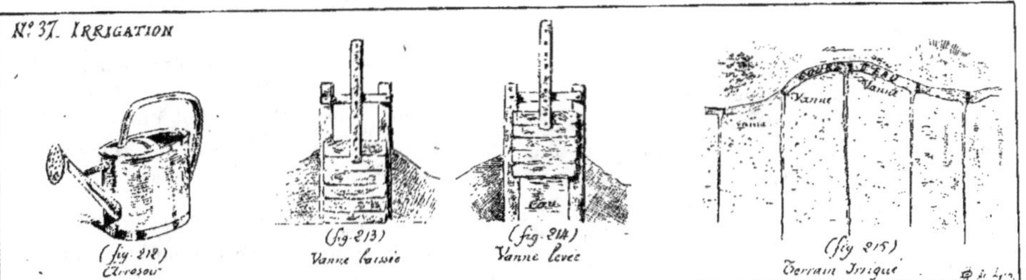

Arrosage. — Irrigation. — Drainage

Les plantes exhalent constamment de la vapeur d'eau; et, si le sol ne peut pas leur fournir la quantité d'eau nécessaire à leur développement, elles languissent, se fanent et meurent.

Le sol et le sous-sol n'ont pas toujours les qualités désirables pour conserver la quantité d'eau nécessaire aux plantes. On remédie à cet inconvénient par l'arrosage, l'irrigation ou le drainage.

Arrosage. — L'arrosage a pour but de donner au sol l'eau dont il a besoin pour que les plantes y prospèrent.

On ne pratique l'arrosage que sur de petites étendues, tandis que, pour les grandes étendues, on emploie l'irrigation. C'est surtout les jardins potagers ou d'agrément que l'on arrose. A cet effet, on établit dans la partie la plus élevée du jardin un puits avec noria qui déverse l'eau dans un grand bassin. On arrose les plantes, soit au moyen d'un arrosoir (*fig.* 212), soit en faisant arriver l'eau du bassin dans toutes les parties du jardin par des rigoles d'amenée que l'on ouvre et que l'on ferme à volonté selon les besoins.

Irrigation. — L'irrigation a pour but de donner au sol l'eau qui lui manque par suite de l'action desséchante des fortes chaleurs. C'est surtout dans les prairies que l'irrigation joue un grand rôle. On creuse, de distance en distance, des rigoles dans le terrain à irriguer. Ce terrain doit être naturellement près d'un cours d'eau. Ensuite, au moyen de vannes placées à côté des rigoles, on fait monter l'eau à la hauteur nécessaire pour qu'elle puisse passer dans les rigoles. Par ce moyen, l'eau pénètre dans la terre et y répand partout la fraîcheur.

Quand on veut faire entrer l'eau dans une rigole, on ferme la vanne (*fig.* 213) placée à côté. Lorsque cette partie de terrain a reçu assez d'eau, on relève la vanne (*fig.* 214) ; l'eau continue sa marche jusqu'à la vanne suivante

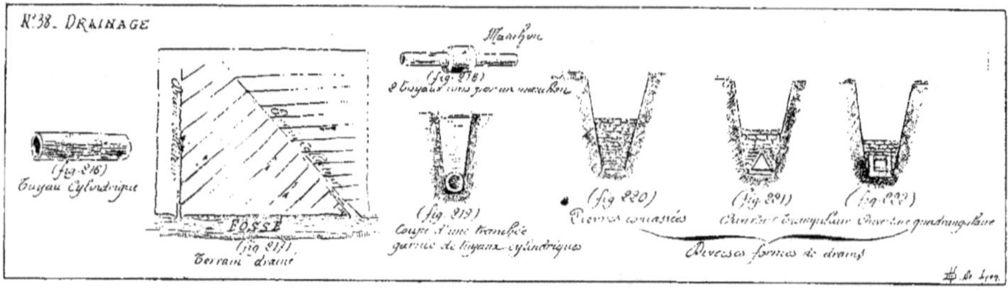

qui est fermée et passe dans la rigole pour irriguer une nouvelle partie du terrain (*fig.* 215), et ainsi de suite.

Drainage. — Le drainage est le contraire de l'irrigation : il consiste à débarrasser le sol des eaux surabondantes qui s'y trouvent et qui s'opposent, soit au développement des plantes, soit aux travaux de culture. C'est surtout quand le sous-sol est imperméable que le drainage s'impose.

On reconnaît qu'un terrain a besoin d'être drainé lorsqu'il reste à sa surface des flaques d'eau plusieurs jours après que la pluie a cessé.

On commence par creuser un fossé principal dans la partie la plus basse du terrain et suivant la pente générale du champ à drainer.

Ce fossé porte le nom de drain collecteur, parce que l'on creuse d'autres fossés ou ramifications qui viennent aboutir à ce drain collecteur (*fig.* 217).

On pose dans ces fossés des tuyaux cylindriques en terre cuite appelés drains (*fig.* 216), que l'on joint deux à deux par un manchon (*fig.* 218). Ils forment ainsi de longs tubes souterrains. On les recouvre ensuite, soit avec la terre déjà enlevée, soit avec des pierres, mais à une hauteur telle que les instruments de labour ne les atteignent pas ; on achève de remplir les fossés avec la terre arable que l'on avait eu le soin de mettre en réserve.

Le drain collecteur destiné à recevoir toutes les eaux de la pièce doit être plus gros que les drains ramifiés.

On n'emploie pas toujours des tuyaux en terre cuite pour le drainage : tantôt ces tuyaux sont remplacés par des pierres concassées (*fig.* 220), tantôt par des pierres plates formant un conduit triangulaire (*fig.* 221), tantôt enfin par des pierres plates formant un conduit quadrangulaire (*fig.* 222).

Eau alimentaire pour les animaux

L'eau constitue l'unique boisson des animaux. La majeure partie de leurs aliments se préparent aussi avec de l'eau.

L'eau destinée à la boisson des animaux doit être claire, fraîche et renfermer une petite quantité de sels calcaires en dissolution : elle ne doit pas être trop calcaire, sous peine d'être lourde et indigeste ; enfin, elle doit être exempte de matières organiques : les eaux contenant de ces matières produisent toujours sur l'organisme de fâcheux effets.

Il en est de même de l'eau des puits, où s'infiltrent, tantôt les eaux ménagères, tantôt les eaux pluviales qui ont traversé des amas de fumier ou des fosses d'aisance. L'usage de ces eaux est aussi dangereux pour la santé des animaux que pour la santé des hommes.

La meilleure eau pour tous est celle des fontaines, des rivières pures et des puits artésiens, parce que toutes ces eaux sont des eaux courantes.

Eau des mares

On appelle mare un petit amas d'eau dormante qui se forme naturellement dans les endroits bas.

Les animaux domestiques prennent parfois l'habitude de boire de l'eau plus ou moins fétide des mares que l'on trouve encore dans quelques fermes mal tenues ou dans quelques localités privées d'eau de source. Il est certain que, tôt ou tard, ces animaux seront frappés de maladie, à cause de cette dangereuse boisson.

RÉSUMÉ

L'eau contribue à la désagrégation des roches, entre dans la constitution des végétaux, est indispensable à leur germination, dissout les principes fertilisants du sol, féconde la terre par le dépôt de matières fertilisantes qu'elle contient.

L'arrosage a pour but de donner au sol l'eau dont il a besoin pour que les plantes y prospèrent.

On arrose les petites étendues au moyen d'un arrosoir ou de rigoles d'amenée.

L'irrigation a le même but que l'arrosage ; mais elle se pratique sur de grandes étendues, sur les prairies surtout, au moyen de rigoles et de vannes.

Le drainage est le contraire de l'irrigation. C'est surtout quand le sous-sol est imperméable que le drainage s'impose.

On creuse pour le drainage un drain collecteur et des ramifications, et on pose dans ces fossés des drains réunis par un manchon.

Le drain collecteur doit être plus gros que les drains ramifiés.

On draine aussi au moyen de pierres concassées ou de pierres plates formant une ouverture triangulaire ou quadrangulaire.

L'eau destinée aux animaux doit être claire, fraîche et renfermer une petite quantité de sels calcaires en dissolution ; elle ne doit pas renfermer de matières organiques.

La meilleure eau est celle des fontaines, des rivières pures et des puits artésiens.

L'eau des mares ne peut que nuire à la santé des animaux.

DEVOIRS

1° Parler du rôle de l'eau dans la végétation. — Faire connaître en quoi consistent l'arrosage et l'irrigation. — Moyens employés.

2° Le drainage. — Son but. — Comment on draine. — Diverses sortes de drainages.

HYGIÈNE

Eaux potables

On appelle eaux potables, les eaux qui peuvent être bues sans danger pour la santé. Elles proviennent de la pluie qui pénètre dans le sol, s'infiltre à travers les diverses couches des terrains et donne naissance aux sources, aux rivières et aux fleuves.

Caractères des eaux potables. — Les eaux potables sont sans odeur, sans couleur, agréables au goût, fraîches, limpides, bien aérées. Elles renferment des substances salines et une faible proportion de carbonate de chaux : elles dissolvent le savon sans former de grumeaux, cuisent bien les légumes et ne laissent que très peu de résidu par l'évaporation.

Les eaux lourdes ou non potables sont peu aérées, ne dissolvent pas le savon, sont impropres à la cuisson des légumes et renferment une grande proportion de sels calcaires.

Pour être potables, les eaux ne doivent pas contenir de matières organiques, débris d'animaux ou de végétaux, et, à plus forte raison, de germes d'épidémie : la fièvre typhoïde, le choléra, etc., sont presque toujours amenés par l'emploi d'eaux impures.

Pour rendre les eaux impures potables, il faut les faire passer à travers un filtre à charbon ou les faire bouillir et les aérer ensuite en les battant. On filtre l'eau impure en la faisant passer sur des corps tels que le sable et le charbon, dont les pores sont assez petits pour arrêter les particules étrangères qu'elle tiendrait en suspension et la débarrasser ainsi de la mauvaise odeur qu'elle pourrait avoir. Le filtre Pasteur présente toutes les garanties nécessaires pour transformer une eau non potable en eau potable.

Les eaux pluviales sont les eaux naturelles les plus pures. Quand on les recueille avec soin, elles sont excellentes pour la boisson.

Les eaux des sources, des rivières, des puits artésiens sont moins pures, parce qu'elles se chargent de diverses matières en traversant les couches du sol ; mais elles n'en sont pas moins bonnes pour la consommation.

Les eaux de puits sont généralement chargées de trop de sels calcaires pour pouvoir être bues ou servir à la cuisson des aliments. Pour s'en assurer, on remplit aux 4/5 d'eau de puits une bouteille d'un litre, et on y ajoute environ un gramme de carbonate de soude ; on agite, et l'eau devient d'un blanc laiteux. On laisse ensuite reposer le liquide qui se clarifie peu à peu et qui laisse au fond de la bouteille un précipité blanc de craie insoluble. L'acide carbonique du carbonate de soude s'est combiné à la chaux des sels calcaires en dissolution et a formé ce précipité qui est du carbonate de chaux.

Précautions à prendre contre les variations de la température

L'homme a quatre ressources pour lutter contre les températures agressives : le mouvement et le repos ; l'alimentation ; les vêtements ; les moyens de caléfaction et de réfrigération artificielle.

Après ce qui a été dit dans les leçons précédentes, nous n'avons à nous occuper ici que des vêtements.

Les vêtements ont pour but de couvrir notre corps et de le soustraire aux intempéries de l'air. Ils doivent varier selon les climats, les saisons, les âges et les tempéraments.

En été, il faut éviter l'action directe du soleil en ne restant pas la tête nue et en s'abritant contre ses rayons par un chapeau léger à larges bords, par un parasol, par un couvre-nuque en toile comme celui de nos soldats en Afrique, ou par un simple mouchoir de poche.

Il est préférable de porter des vêtements larges, légers, amples de forme et flottants, autant que possible de couleur blanche, parce que celle-ci a la propriété de réfléchir ou renvoyer la chaleur, tandis que la couleur noire ou sombre l'absorbe, ce qui fait qu'un vêtement de drap noir nous brûle au soleil, tandis qu'en hiver il ne nous protège pas contre le froid.

La flanelle vaut encore mieux, car elle absorbe très facilement l'humidité et la laisse ensuite s'évaporer lentement, sans déperdition de la chaleur. Mais, quand on a pris l'habitude de mettre des gilets de flanelle, il est imprudent de cesser d'en porter.

Les vêtements d'été sont ordinairement de coton, de lin ou de chanvre, car ces étoffes sont meilleures conductrices de la chaleur, et permettent à celle du corps de se perdre au dehors.

Le coton doit même être préféré à la toile, attendu qu'il est plus doux et qu'il maintient le corps à une température à peu près égale, nous épargnant ainsi les refroidissements.

Dans les appartements carrelés ou planchéiés, où la chaleur est souvent insupportable, on répandra de l'eau par terre, car l'évaporation de l'eau rafraîchit l'air. On peut encore, pour produire la fraîcheur dans les chambres, mettre aux fenêtres ouvertes des linges imbibés d'eau. Cette eau s'évapore rapidement et fait baisser de cinq à six degrés la température de l'appartement. On ne doit pas négliger aussi de fermer les volets ou les persiennes du côté du soleil et de faire une demi-obscurité dans les appartements.

Un remède fort simple, assez répandu dans les campagnes, pour combattre les chaleurs trop fortes, consiste à humecter avec de la salive la partie extérieure de la saillie triangulaire du pavillon de l'oreille. On éprouve aussitôt un soulagement inespéré, parfois supérieur à celui qu'on obtiendrait en se plongeant la tête dans une cuvette d'eau fraîche.

Les ablutions fréquentes, le lavage des mains et de la figure, les bains froids pris tous les jours pendant les grandes chaleurs, sont encore d'excellents moyens de se rafraîchir. On arrive même par ces moyens à calmer la soif bien mieux que par des boissons répétées.

On doit éviter, en été, de boire de l'eau pure, et préférer le café étendu d'eau et les boissons rafraîchissantes, comme les limonades, ou l'eau acidulée avec quelques gouttes de vinaigre, ou encore l'eau additionnée d'un peu de vin.

Les effets du froid sur l'homme sont tout à fait opposés à ceux de la chaleur. L'appétit est augmenté ; on éprouve le besoin de remuer pour se réchauffer. Presque toutes les fonctions deviennent plus actives et la vie est plus longue. C'est, en effet, dans les pays froids que l'on trouve les plus nombreux et les plus remarquables exemples de longévité.

Cependant, le froid excessif et prolongé, surtout quand on reste immobile et que la nourriture est insuffisante, peut être dangereux et même mortel, en particulier pour les enfants et les vieillards.

Voici les principales règles hygiéniques à observer contre les froids rigoureux :

On doit avoir des vêtements chauds et épais, en laine, plutôt clairs, donnant sur le blanc, que sombres, par la raison donnée plus haut ; une ceinture de laine sur le ventre pour prévenir la diarrhée ; de fortes chaussures, à semelle épaisse.

En même temps, on entretiendra la chaleur du corps par un exercice énergique.

Enfin, on devra, autant que possible, faire usage d'une alimentation forte, assez riche en substances grasses, et boire un peu de vin naturel.

Les jeunes gens et les hommes vigoureux feront bien, cependant, de ne pas prendre l'habitude de se trop couvrir, afin de s'habituer plus facilement à supporter le froid et le chaud.

Quant aux vieillards, les vêtements chauds, épais, leur sont indispensables pour entretenir toujours la chaleur à la surface de leur corps.

On n'oubliera jamais qu'on ne doit pas quitter trop tôt les vêtements d'hiver ; autrement, on s'exposerait aux rhumes et aux bronchites.

Grippe

La grippe est une maladie épidémique, généralement peu dangereuse. Elle est caractérisée par un violent mal de tête, des courbatures, de la fièvre et un violent rhume de cerveau avec un peu de mal de gorge.

Cette maladie dure de deux à dix jours et se guérit d'elle-même. Néanmoins, on soulage le grippé en lui faisant prendre des bains de pieds et des boissons chaudes qui provoquent la transpiration.

Engelure

On appelle engelure un gonflement aux mains, aux pieds, au nez, aux oreilles, causé par le froid de l'hiver.

On fait disparaître les engelures en les lavant à l'eau chlorurée, et en les recouvrant de glycérine ou de collodion.

Les engelures ne sont nullement contagieuses.

Asphyxie par l'eau

Nous avons parlé de l'utilité des bains froids : ils débarrassent le corps de la malpropreté qui le couvre, raniment les forces épuisées par la chaleur, aiguisent l'appétit, donnent de l'activité aux organes, reposent le corps et détendent le système nerveux fatigué.

Mais il arrive parfois que, par suite d'une imprudence, un baigneur se noie. Dans ce cas, il faut vite lui porter secours, le retirer de l'eau le plus promptement possible, afin de le rappeler à la vie avant que l'asphyxie ne soit complète.

L'asphyxie par l'eau provient de l'absence d'oxygène pour transformer le sang veineux en sang artériel et de la présence de l'acide carbonique venant du sang et qui ne peut être expulsé.

Voici les précautions à prendre pour rappeler un noyé à la vie : 1° mettre le noyé au grand air, le coucher un peu sur le côté droit dans une position légèrement inclinée, les pieds plus bas que la tête : 2° provoquer la respiration en comprimant doucement avec les mains le ventre et les côtés de la poitrine, en élevant et abaissant les bras, en flagellant la poitrine mise à nu avec un linge mouillé ; 3° essayer de rétablir la circulation en frictionnant, au moyen d'étoffes de laine chaude, les bras, les cuisses et surtout l'épine dorsale.

Il ne faut pas craindre de continuer ces soins assez longtemps, car on a vu des noyés revenir à la vie après plusieurs heures de mort apparente.

Enfin, il ne faut rien faire avaler à un noyé avant qu'il n'ait repris connaissance.

RÉSUMÉ

On appelle eaux potables, les eaux qui peuvent être bues sans danger pour la santé.

Pour être potables, les eaux ne doivent pas contenir de matières organiques, ni de germes d'épidémie.

On rend les eaux impures potables en les filtrant ou en les faisant bouillir.

Les eaux pluviales sont les eaux naturelles les plus pures.

Les eaux de puits sont généralement chargées de trop de sels calcaires ; on s'en assure en ajoutant environ un gramme de carbonate de soude dans un litre d'eau de puits.

Nos vêtements doivent varier selon les climats, les saisons, les âges et les tempéraments.

En été, il faut éviter l'action directe du soleil.

Il est préférable de porter des vêtements larges, amples de forme et flottants, autant que possible de couleur blanche. La flanelle vaut encore mieux.

Les vêtements d'été sont ordinairement de coton, de lin ou de chanvre : ceux de coton sont préférables aux autres.

Pour rafraîchir les appartements, en été, on répand de l'eau sur le pavé, on met des linges mouillés aux fenêtres ouvertes, on ferme les volets et les persiennes du côté du soleil.

Les ablutions fréquentes, le lavage des mains et de la figure, etc., sont d'excellents moyens de se rafraîchir.

On doit éviter, en été, de boire de l'eau pure, et préférer le café étendu d'eau.

Le froid, quand il n'est ni excessif, ni prolongé, produit d'excellents effets sur notre organisme.

Pendant les froids rigoureux, on doit avoir des vêtements chauds et épais, en laine, plutôt clairs que sombres, une ceinture de laine sur le ventre et de fortes chaussures à semelle épaisse. En même temps, il faut faire de l'exercice, avoir une alimentation assez riche en matières grasses et boire un peu de vin naturel.

Les jeunes gens et les hommes vigoureux ne doivent pas trop se couvrir, tandis que les vieillards doivent porter des vêtements chauds et épais.

On ne doit pas quitter trop tôt les vêtements d'hiver.

On soulage le grippé en lui faisant prendre des bains de pieds et des boissons chaudes.

On fait disparaître les engelures en les lavant à l'eau chlorurée et en les recouvrant de glycérine et de collodion.

L'asphyxie par l'eau est due à l'absence d'oxygène et à la présence d'acide carbonique venant du sang et qui ne peut être expulsé.

Il ne faut pas craindre de continuer pendant longtemps les soins donnés à un noyé pour le rappeler à la vie.

DEVOIRS

1° Eaux potables. — Caractères des eaux potables. — Comment rend-on les eaux impures potables ?

2° A quoi servent les vêtements. — Vêtements d'été et vêtements d'hiver. — Comment peut-on rafraîchir les appartements en été ?

3° Pierre et Paul s'amusent sur le bord d'une rivière, profonde à cet endroit. Pierre glisse et tombe à l'eau. Cris désespérés de Paul. Sauvetage opéré difficilement par un ancien soldat qui travaillait près de là. Décrire les soins donnés au noyé qui avait perdu connaissance. Pierre revient à la vie après vingt minutes de soins continus.